スクールカウンセラーのための仕事術

はじめて学校で働くための手引き

青木 真理 著

明治図書

はじめに

　1995年よりスクールカウンセラー制度が始まりました。これは，1994年にいじめによる中学生の自殺が相次いだことが背景にあります。

　私自身は，鳴門教育大学生徒指導講座で助手をしていた時期に，1996年度の1年間を徳島県の高等学校でスクールカウンセラーとして勤めました。その後，1997年に福島大学に勤めてからは福島県で小学校，中学校，高等学校と様々な学校でスクールカウンセラーとして勤務してきました。

　スクールカウンセラーのマニュアルは何もない中，多くのスクールカウンセラーがそうだったと思いますが，先行するアメリカ合衆国のスクールカウンセラーについての報告を読み，公益財団法人日本臨床心理士資格認定協会が主催する学校臨床心理士全国研修会や県の臨床心理士会が主催する研修会などで学びながら，自分の実践を振り返ってきました。また，大学院の授業でそれらについて講義し，スクールカウンセラーの方法論についての考えを折に触れ，まとめてきました。

　今回，スクールカウンセラーについての入門書を執筆する機会を得たので，これまでの自身の考えと実践を振り返りながら，スクールカウンセラーがどうあるべきかについて述べたいと思います。

　これは現時点での私のスクールカウンセラーについての考えの集大成ということになります。

　ただし，これからも刷新されていくものでもあります。

2023年12月

青木　真理

目次

保護者へのカウンセリング

教職員との協働・教職員への支援

第3章
連携場面での仕事術

基本の連携術

問題への対応

研修活動

第4章
スクールカウンセラーが知っておきたいトピックス

• • • • 第1章 • • • •

スクールカウンセラー
としての心構え

1 学校コミュニティで働くということ

学校という臨床現場

　スクールカウンセラー（以下 SC）は，学校とその周辺を臨床の現場とする心理職です。

　では，学校とはどのような場所でしょうか。学校は言うまでもなく教育を行う場です。では，教育とは何でしょう。教育基本法は教育の目的を「教育は，人格の完成を目指し，平和で民主的な国家及び社会の形成者として必要な資質を備えた心身ともに健康な国民の育成を期して行われなければならない」と定めています。学校の職員のひとりとして SC は，この目的を念頭に置き，他の教職員と協働しながら，児童生徒の人格の完成を目指し，児童生徒が，国家と社会の形成者としての資質を備えた国民となるための援助を行います。SC の活動の大半は，何らかの問題が生じた時の対応にあてられますが，教育の基本に立ち返れば，適応的な生活を送っている児童生徒も含めすべての児童生徒の成長と不適応予防を念頭に置きたいところです。

SC の勤務形態

　SC は多くの場合，非常勤職員です。2020年 4 月から「会計年度任用職員制度」が始まり，SC も多くの自治体において，会計年度任用職員の位置づけとなりました。勤務形態は自治体によって異なりますが，私が働く福島県の場合は，小・中学校は 6 時間勤務で年間30日，高等学校は 4 時間勤務で年

間30日が基本です。福島県の公立学校の登校日数は，200日前後ですから，毎週１回勤務することもできません。SC 以外の教職員のほとんどが常勤で，SC は学校で最も勤務日数の少ない職員と言えます。この「非常勤」であることが，SC の特徴であり，足かせでもあります。「非常勤」のプラスの面は「外部性」とされ，利用する側（教職員と児童生徒，保護者）からは「相談したい時に即時的に利用できない」点が利用しにくさとして評価されています。

SC の「外部性」

　河合（2008）はスクールカウンセラー制度の導入に際し「（学校への）黒船」と表現しましたが，それには「鎖国」に比するほど学校が閉じた世界であるということが含意されていました。SC は鎖国だった学校にやってきた異質分子であり，異化効果をもたらしました。20年余を経て異質分子たる SC はもはや未知の存在ではなく，週に１回程度訪問するマレビトとなりましたが，SC の異質性は維持され，それが「外部性」という SC の属性として評価されてきたと言えるでしょう。「外部性」すなわち常勤の教職員とは異なる存在，だからこそ児童生徒と保護者の信頼を得て話をきくことができる，という評価です。

　しかし，私は，SC が学校の閉鎖性を打ち破って鎖国空間の中に入った以上は，教員との異質性を維持しつつも「外部」の分子ではなく，「内部」の異質分子として教職員と化学変化を起こしながら新しい世界を創造することが期待されていると考えます。現在の SC はもはや「外部性」という鎧に頼ることなく，たとえ一部の時空間しか共有しないマレビトであっても，十分学校内部の分子として機能し得るという自覚をもってよいと思います。

　さあ，学校現場で工夫と連携を通じ，新しい世界の創出に関わりましょう。

【参考文献】
・河合隼雄 著・村山正治 編・滝口俊子 編著『河合隼雄のスクールカウンセリング講演録』創元社，2008年.

② スクールカウンセラーの
基本的な態度 ～呼称・語調・話し方～

SC の呼称

　SC が自分のことを何と呼ぶかをまず考えてみましょう。教員，特に小学校の教員が自分を「先生」と呼ぶことが多いのに対し，SC が自分を「先生」と呼ぶことはあまりないかと思います。その違いが示すのは，教員が大勢の子ども対ひとりの教員という構造の中での教員への求心性を必要とするのに対し，SC は基本的には一対一の人間関係であり子ども・支援者それぞれの個別性が際立っているということでしょうか。さらに，個別性を基礎とするSC は支援対象者となるべく対等であろうとし，支援対象者の主体性を重視するという姿勢をもっていると言えるかもしれません。ただ，学校では子どもの年齢に合わせて自分の呼び方を変えることは重要です。

　例えば，就学前の子どもや小学校低学年の児童を対象とする場合は，「私は」と称するより「先生は」「○○先生は」と称した方が，相手にとってわかりやすいです。「私」という一人称と「あなた」という二人称の入れ替えが十分身に付いていない子どもにとっては，同一のラベルとしての呼称がついている方がわかりやすいからです。自閉的な傾向をもつ児童生徒は，一人称と二人称の入れ替えが難しい場合がありますから，年齢が高くても「○○先生」のラベルをつけるとよいでしょう。

　一方，SC が児童生徒，保護者，他の教員からどう呼ばれるかについては，「○○先生」が多いでしょう。ただこれも，SC の信条と関連があり，「○○さん」と呼んでほしい，と支援対象者に伝える SC もいます。

私は，「先生」と呼ばれることを否定はせず，自称は基本的に「私」としています。ただ，上述したように小学校低学年の児童を対象とする場合は，「先生は」と称することがあります。

子どもをどう呼ぶか

次に，支援対象の子どもをどう呼ぶかを考えてみましょう。SCの子ども観，SCと子どもの関係性，SCの支援論がそこにあらわれる重要な問題だと言えます。小学生に対しては，男子は〇〇君，女子は〇〇さんと呼ぶSCが多いかと思います。どう呼ぶかは，SCとその児童生徒の関係性によるところが大きいので，親しみを込めて男子にも女子にも〇〇ちゃんと呼ぶこともあり得ると思います。中学生，高校生については，〇〇君，〇〇さんが多いようですが，女子については〇〇ちゃんもよく聞きます。特に，SCが女性である場合に多いように思われます。

私は，中学生以上には「君」「さん」を用いることが原則と考えます。さらには，望まない性に基づく呼称に苦痛を感じる児童生徒への配慮から性別に限らず「さん」が好ましいとする考えもあり（都道府県教育委員会や学校には，男女どちらも〇〇さんと呼ぶことを奨励しているところがあります），そのことも念頭に置きます。「ちゃん」には相手を子ども扱いするニュアンスが漂いますので，小学生が対象であっても，同様に「さん」であってもよいと思います。

「あなた」という呼びかけはどうでしょうか。日本語の通常の会話では「あなた」はあまり用いません。しかし，私は，あえて「あなた」と呼びかけることがあり，その時，クライエントである児童生徒の主体性を強調しています。

呼称はあくまで関係性のもとに決まるので，一律にこうでなければならない，ということはないと考えますが，少なくとも呼称をどうするか，その呼称はどういう関係性に立っているかというSCの自覚は必要です。

どのように話すか ～自身のパフォーマンス性を意識する～

　どういうことば遣いをするか，どういう話し方をするかについても，呼称と同様に，相手を意識する必要があります。それはSCのスタンス，SCとクライエントの関係性に依拠し，また，それらを促進したり強化したりもします。場合によっては方言が使われることもあると思います。

　自分の話し方，語り方（ことばの速度，高さ，イントネーションを含めて）が相手にとってどう経験されているかに注意を払う必要があると考えます。私は，福島で仕事をする関西人なので，自分の関西のアクセントをある程度自覚し，それが相手にどのように受け取られているかを確認しながら，できればそれが効果をもたらすことを願いつつ，話しています。

　表情，身振り手振りといったノンバーバルなコミュニケーションもそのSCの支援者としての特性を規定します。さらに言えば，からだつき，歩き方，座り方といった身体言語も含めた全体的なその人の表現のありよう，パフォーマンスが重要な意味をもつのです。SCに限らず心理支援を行う人のパフォーマンスがどうであるか，それを自身が理解すること，磨くことが重要であると考えます。

　初心者が心理的支援の訓練を受ける時，「何を言うか」（話の内容）が注目され「どのように言うか」にはあまり注意が払われない傾向があるかと思います。教科書の文字は「何」，つまりテクストしか伝えることができないから致し方ないのですが，ロールプレイングなどの実践的な訓練の中で，訓練を受ける者が徐々に「どのように」に注意を向けることができるようになることが必要で，訓練を行う指導者もそれを意識したいところです。この「どのように」には，上述したようにパフォーマンスの側面が含まれます。

　パフォーマンスを議論する場合，カウンセラーよりももっと長い歴史をもつのが，演劇人であり，芸人です。彼らの表現に，カウンセラーは大いに学ぶことができます。例えば，フットボールアワーの後藤輝基は「笑いの正体」

という番組の中で，ダウンタウンの浜田雅功の「ツッコミ」について，「固まりの大っきいのあるけど，高い右斜め上にカーンと上がっていく，高い声」が「うらやましい」と語り，「楽器というか，楽器としてもすごい楽器もってはるなあ」と評していました。それは，浜田の語るテクスト，声，調子などを総体として表現し，評価する表現であると思います。カウンセラーは通常，漫才のツッコミ担当のような伝家の宝刀的な言説をもちませんが，自身の言説，応答がどういうパフォーマンス性をもっているかという自覚をもつことは大切だと考えます。後藤のことばを借りれば，自身がどのような楽器をもっていてどのような音を出しているのかという自覚をもつということです。

　呼称が一律ではなく関係性の上に立つ，と述べたことと同様に，カウンセラーはこういうパフォーマーでなければならない，という一律の基準はありませんが，自身のパフォーマンスがどんなものであるかという自覚，それが相手にどのように受け取られているかという自覚をもち，なるべく有効なものとなり得るように磨いていくことが重要だと思います。それは児童生徒や保護者と一対一で会う時に限ったことではありません。朝，出勤してきて職員室に入る時の挨拶，職員室で座っている時の態度なども，実は重要です。職員室の机の前に座りながら，背中で「誰も話しかけないでくれ」と語っているような閉じた態度では，教職員との協働は成り立たないでしょう。有効な態度とは，SC が学校コミュニティの一員であることを示し，他の教職員が協働してみたいと思う気持ちを促進する態度であると思います。頼りになる人と見えつつ，他者を尊重し，自身の活動について謙虚である，と見えるような態度を目指したいと考えます。

【参考】
・NHK「笑いの正体 chapter 3 ツッコミ芸人の時代」2022年12月28日放映.

③ スクールカウンセラーに求められる4つの力

SC には主に下記の4つの力が求められます。

アセスメント力

　1つ目はアセスメント力です。アセスメント（評価）の対象は様々です。面接相談対象の児童生徒については，困っていること，興味関心，知能・学力，対人関係・コミュニケーション力，家族関係などを評価します。その方法は主に面接で，傾聴し共感を示しながら，冷静にアセスメントを行います。教室で児童生徒の人間関係場面（他の子ども，教員）を観察して評価することもできます。保護者への面接では，困っていること，保護者と子どもの関係，家族関係などを評価します。保護者自身がもつ困難，例えば，知的な問題，性格的な問題，コミュニケーションの問題などを評価することもあります。教員を対象としたコンサルテーションでは，教員が感じている問題，問題発生の要因を評価します。教員が既にもっているアセスメントと SC のアセスメントを共有し合うのがコンサルテーションですが，教員の教育に関わる能力と特性（得意不得意など）も同時に評価することができます。学級という環境，集団を評価することが必要な場合もあります。さらに支援対象者と SC の関係のアセスメントも重要で，SC はどう見られているか，どのような感情を寄せられているか，カウンセリングがどのような効果を生んでいるか，などを評価します。なお，アセスメントは1回で終わりではなく，初回のアセスメントは言わば仮説であり，関わりを重ねて情報が分厚くなるたびにその仮説を更新することが求められます。

関係調整力

　2つ目は関係調整力です。外来の相談者のみを対象とする場合とは異なり，コミュニティに属するSCは，児童生徒が身を置く関係を調整することができます。対象の児童生徒と他児，保護者，教員の関係のこじれ・不具合を調整することが求められます。ただし，児童生徒自身が関係を改善する力と機会を奪ってはならず，それを尊重し促進しながら，不足を補います。おせっかい，出しゃばりすぎには注意です。子ども同士の関係を話し合いで調整する場合は学級担任にも加わってもらうことが有効かもしれません。保護者との関係調整は，保護者への面接で直接助言することもできますが，子ども自身が保護者に思いを伝えられるよう同席面接を設定することも考えられます。

連携力

　3つ目は連携力です。連携場面は会議という構造化されたものから，日々の立ち話，声かけという構造化されないものまで多様です。連携にはアセスメント力と関係調整力が関連します。誰とどこで連携するかをアセスメントし，その連携を実現させるための関係調整を行うのです。ただSCひとりで関係調整を行う必要はなく，常勤の教員の中で関係調整力をもっている人（養護教諭，特別支援教育コーディネーターなど）を見極めて，その人の力を借りることが肝要でしょう。さらに学校外のリソース（医療，福祉など）との連携も必要となることがあります。

企画力

　4つ目は企画力です。SCは言わば個人商店です。その活動を学校のニーズとすり合わせながら主体的に企画・運営することが大切です。

チームとしての学校
～「外部性」と「専門性」～

チームとしての学校

　2015年に文部科学省は「チームとしての学校」構想を打ち出しました。「チームとしての学校」とは，「複雑化・困難化した学校教育課題の解決に向けて，教員の専門性の向上を図るとともに，様々な業務を連携・分担する専門性に基づくチーム体制を構築しようとするもの」です。この構想ではSCとスクールソーシャルワーカーの定数化の実現，すなわち常勤が言及されました。ただ，2023年3月現在で，公立学校での常勤SCの数は，名古屋市を除き，まだほとんど増えていません。常勤SCが増えるかどうか，今後の動向を注目したいと思います。

「外部性」と「専門性」

　1995年に文部省の「スクールカウンセラー活用調査研究委託事業」が始まって以来，SCの「外部性」という概念が唱えられてきました。「外部性」とは，学校コミュニティの一員であっても教員とは異なる視点をもち，教職員集団の中に「埋没しない」こと，教員と子ども・保護者が構成するコミュニティにおける「第三者性」を維持することなどを意味すると思われます。多くの常駐スタッフと異なり，週に1回程度学校を「訪問」するSCは，外からやってくる存在でした。教職員と異なる，という属性があるからこそ，児童生徒，保護者の信頼を勝ち取るという考え方が基底にあったと思われます。

コミュニティの一員として働く心理職にとって複雑で扱いが難しいのは，「多重性の回避」です。

常勤 SC の勤務スタイルは他の教職員と何ら変わらず常駐することになり，教員との見た目の差異は小さくなります。そうなると「外部性」をもった存在とは見られなくなるでしょう。そして，相談室以外の場面で児童生徒に出会う機会は，非常勤 SC よりも多くなるはずです。となると，「多重性の回避」はより身近な課題となるはずです。

私は，もう「外部性」を SC の看板とする時代は過ぎたと考えています。学校コミュニティの一員だが，その独自性，専門性を確立することがむしろ重要なのだと考えています。非常勤 SC も，常勤 SC ほどではないにしろ，「多重性の回避」という課題に取り組まなければいけません。先の「学校コミュニティで働くということ」（pp.10-11）で述べたように，SC は相談室での個別的で深い出会いと，社会的・集団的な場面での出会い，その両方を並行して行っていく必要があります。個別に会っている児童生徒と集団場面でも上手に同席する「柔軟性」，と同時に，個別場面での出来事を集団場面に持ち込まないという「禁欲的な中立性」が必要なのです。児童生徒が，個別場面での関係性を集団場面に持ち込もうとすることもあり，この対応はなかなか難しい課題です。

「外部性」に頼らない SC の専門性とは何でしょうか。1 番目には話をきくことです。話をききながらクライエントの自己解決力を最大限に引き出すことです。2 番目に，1 番目の活動と並行して行う心理的アセスメントです。生じた問題の要因・背景を分析しながら話をきき，時機と必要に応じて解決方法を児童生徒，保護者，教員に提案します。3 番目に集団のもつ強みと弱さをアセスメントして発達促進と問題発生予防に寄与する予防活動を行うことです。これらを「外部性」に頼ることなく，また自身の心がけと態度の中で「多重性の回避」に努めながら行っていくことが，総合的な意味での SC の専門性であると考えます。

スクールカウンセラーと
学校組織 ～校務分掌，委員会～

校務分掌

　校務分掌とは，学校の中での教職員の役割のことです。一般に教員はいくつもの分掌を担っています。学級担任であってもそれだけではなく，生徒指導，施設管理，PTA，特別支援教育コーディネーターなどの分掌を兼任します。SC は，生徒指導委員会または教育相談委員会に位置づけられることが多いようですが，特に分掌が決められていないということもあります。多くの場合，非常勤職員ではありますが，何かの組織に位置づく方がよいと私は思います。ひとり職の SC の活動が組織の中で承認されることが重要だと考えるからです。

生徒指導委員会・教育相談委員会

　福島県の SC にきくと，中学校では生徒指導委員会または教育相談委員会が毎週行われていることが多く，どちらかの委員会に属して会議に参加している SC がかなりいます。委員会は管理職，各学年の係，養護教諭，生徒指導主事，SC などから成ります。ただ，委員会の会議と SC の勤務日が一致せず，委員会に属することができない場合もあります。会議に参加すればその都度学校で問題になっていることをたちどころに知ることができ，また，SC の視点からの助言を行うこともできます。SC が関わっているケースについての情報共有を行うこともできます。

一方，小学校は一般に，生徒指導に関する組織が中学校より弱く，学級担任が担う面が大きいです。生徒指導の会議も，中学校ほど頻回には行われておらず，月に１回，学期に１回などです。したがって，SCが生徒指導委員会に属することは少なくなります。となると，SCは教員と連携する場面を積極的につくり出す努力が必要となるでしょう。後述するSCコーディネーターと協力して，学級担任・養護教諭・SCコーディネーター・管理職などで話し合う場面をつくるなどが考えられます。

特別支援教育コーディネーターとケース会議

　特別支援教育コーディネーターは，必要に応じてケース会議を招集します。発達障害やその疑いのある児童生徒で特別な配慮が必要と考えられる場合，そのような生徒が不登校に陥った場合などで，学級担任や学年の教員，養護教諭，管理職など，その児童生徒に関連する教職員を招集して，対応を話し合います。このようなケース会議にSCが参加し，心理職の観点から助言を行うことは大切な役割です。そこで発揮すべきは，アセスメント力で，当該児童生徒と直接関わった経験(カウンセリングなど)，授業などでの行動観察，教職員からの報告などのデータをその場で総合させて，仮説的なアセスメントを述べる必要があります。

いじめ防止対策委員会

　2013年に「いじめ防止対策推進法」が公布され，第二十二条は，「学校は，当該学校におけるいじめの防止等に関する措置を実効的に行うため，当該学校の複数の教職員，心理，福祉等に関する専門的な知識を有する者その他の関係者により構成されるいじめの防止等の対策のための組織を置くものとする」と定めています。いじめ防止対策委員会などの組織にSCが入ることは多いです。いじめに関するSCの仕事については，章を改めて述べます。

⑥ 校種別の働き方

中学校

　全国的に SC の配置は中学校の配置率が他の校種に比べて多くなっています。これは，1995年開始の文部省の事業「スクールカウンセラー活用調査研究委託事業」が2001年に「スクールカウンセラー等活用事業補助」として各都道府県の事業を文部科学省が補助するものへと変更された折，中規模以上の全中学校に配置することが目標とされたことが関係しています。

　中学校の SC の活動の中心は多くの場合，生徒へのカウンセリングでしょう。生徒の自主来談もあれば，学級担任や養護教諭に勧められて来談する場合もあります。生徒へのカウンセリングを行うためには，ニューズレターなどによる広報活動が大事です。保護者へのカウンセリングも大切です。保護者相談にいたる経緯は，SC が関わる生徒に関して SC 自身の判断から（生徒本人の了解をとって）保護者への面接を企画する，教職員から保護者相談を依頼される，保護者の自主来談があります。

　生徒指導委員会への出席，教員コンサルテーションも重要です。

　学級集団を対象とした発達促進的活動として，道徳や学活の時間を活用してコミュニケーションに関わるグループエクササイズを行うことも考えられますし，授業を見学して集団場面での生徒のアセスメントを行ってコンサルテーションに生かすこともできます。

小学校

　小学校は中学校に比べると児童の自主来談は少ないですが，高学年に入ると，思春期的な心性が生まれて自主来談もあり得ます。しかし活動の中心は，保護者へのカウンセリングであることが多いでしょう。子育ての悩み，発達の偏りがうかがえる児童についての相談，登校渋りについての相談などが多いです。また，夫との考え方の違い，同居する舅姑との軋轢など家族関係の悩みも話されることがあります。小学校のSCの活動のもう1つの柱は，学級担任の児童指導，集団指導への支援です。授業等を参観して，問題行動を示す児童の様子を観察し，その問題行動が生じる要因をアセスメントして，学級担任に助言することが求められます。その際，機能的アセスメントという手法が有用かもしれません。それについては別の章（pp.82-85）で述べます。

高等学校

　福島県の高等学校では，小・中学校が6時間勤務であるのに対し，4時間勤務と少ないです。高等学校は中学校以上に生徒自身の相談が中心になります。学校に不適応感を感じている生徒の他，自分の進路を主体的に考える必要性を感じている生徒の相談も多くなります。保護者への面接は，中学校に比べると少なくなります。生徒自身の主体的な問題解決の比重が大きくなるということもありますし，中学校より学区が広く家から学校の距離があるので保護者が学校を訪れるのが時間的に難しいということもあります。

　福島県では勤務時間の短さから，授業中のカウンセリングを許可し，その授業を欠課としないと取り決めているところが多いです。4時間勤務の中で教員コンサルテーションの時間の確保は難しいため，SCコーディネーター（pp.102-103）が連絡調整を担う面が大きくなります。直接の顔合わせが難しい場合，SCコーディネーターと連携し，情報共有を行う必要があります。

7 相談室の運営について

カウンセリングの申し込み方

　カウンセリングの申し込み方について決めておきます。私は，①学級担任，②養護教諭，③教頭のいずれかに申し込む，④SCが相談室にいる時に直接申し込む，のいずれかとしています。学級担任を通すことに抵抗がある児童生徒は，②か③（多くの場合は②）を選ぶことができます。④は，別の予約が入っている場合はそれを優先します。それらのことを月に1回程度発行するニューズレターに記載します。

　相談室入り口に相談申し込み箱を置く例を時々見ますが，非常勤職員の場合は，予約申込書をすぐに確認できないのでお勧めしません。

広報

　SCの広報活動として考えられるのは，ニューズレター，集会等の活用です。ニューズレターは，非常勤職員の場合は毎月の勤務予定を周知する必要があるので，月に1回程度発行します。勤務予定以外は，SCに関心をもってもらえるようなことを書きましょう。エッセイの他，「思春期の心性」「ストレスとの付き合い方」など心理教育的な内容を記載することもできます。実際の例はコラム（p.26）を参照してください。集会は，生徒集会，PTA総会などで，時間をもらえるか，管理職等に相談します。お昼の放送を活用することもでき，放送委員会の生徒と連携する機会にもなります。話す内容

は与えられた時間の長さによりますが，簡単な自己紹介，勤務日，ニューズレターなどについて話し，「気軽に相談してほしい」と伝えるとよいでしょう。SCが配置されるようになって20年余りが経ち，SCは珍しい存在ではなくなりましたが，それでも，カウンセリングは特別なことと思っている児童生徒，保護者もいるので，その敷居を下げる意味で広報は重要です。

1日の時間割

1日数時間と限られた時間の中でどのようなタイムスケジュールを組むかを考える必要があります。福島県の小・中学校の場合は6時間勤務ですので，どの時間帯に勤務するかは，活動の中身によって決まります。コラム（p.88）に時間割ワークシートを載せますので，どのように時間を組むか考えてみてください。また，p.105に，私の1日のスケジュール例を載せておきますので，それと見比べてみてください。

相談室のレイアウト

カウンセリング等を行う相談室はどのようなものがよいでしょうか。調った相談室が備えられている場合もあるし，専用ではなく何かと兼ねた部屋しかない場合もあるでしょう。なるべく相談活動を行いやすい環境がほしいですね。十分でない環境なら，粘り強く管理職等と交渉していくことが必要です。相談室のレイアウトをどうするか。学校の備品で活用できるものとの兼ね合いになりますが，ある程度の広さがあるなら，個別相談のテーブル，グループ相談のための少し大きいテーブルの両方を置く，など考えることもできます。

殺風景な部屋を明るくするために観葉植物を置きたいと考える人もいるかと思いますが，非常勤SCが週に1回程度しか勤務しない条件の中で恒常的に植物の世話ができるかどうかは考える必要があります。

SCの広報の仕方

　非常勤SCが広く活用されるには，SC自身による広報活動が欠かせません。広報の仕方には，①ニューズレター，②昼休みの校内放送への出演，③生徒集会やPTA集会でのあいさつ，④帰りの会での自己紹介，⑤給食への参加などが考えられます。

　ニューズレターは中でも，効果の期待できる媒体です。児童生徒へのニューズレターを発行する一番の目的は，非常勤職員であるSCの勤務日を掲示することです。保護者が読む可能性も大いにあります。カウンセリングの申込み方についても，毎号掲載することが親切でしょう。

　ニューズレターの内容ついては，自己紹介を含めた相談室の紹介，心理教育的な内容を掲載するSCが多いです。連休明けの疲れ，自分のからだとこころの変化に気づくことの重要性，ストレスコーピングなどが挙げられます。

スクールカウンセラーだより　第2号　20○○年5月

○○中学校スクールカウンセラー　○山△子

ゴールデンウィークが終わりました。みなさん，どのように過ごされましたか。私は，低山歩きをして花を観察してきました。

連休中，夜更かしが続いた人もいるかもしれません。その場合，連休前の生活リズムを取り戻すのが難しかったりします。朝，なかなか目が覚めない人は，カーテンを開けて太陽の光を浴びることをおすすめします。お布団のうえで，ストレッチをしてみるのもいいですよ。

お昼休みは，予約なしで相談に応じていますので，ちょっとつらいな，と感じている人は，話にきてください。

5月・6月の予定

5月10日（水）10時〜16時　17日（水）10時〜16時
5月24日（水）10時〜16時　5月31日（水）10時〜16時
6月7日（水）9時〜15時　6月21日（水）10時〜16時
6月28日（水）10時〜16時

カウンセリングの申込み方法

1　学級担任，養護教諭，教頭先生を通して申し込む。電話　0X-XXX-XXXX
2　SC勤務日に直接相談室に来室する。（予約の方優先になります）

＊保護者の相談も受け付けています。子育ての悩みなど気軽にご相談ください。
＊校区内の小学校の相談にも応じます。相談したい場合は，小学校の学級担任，教頭先生にご相談ください。

ニューズレターの例

コロナ禍の中，特に制限の多い生活を乗り切るための心理教育を重視したSCも多いです。児童生徒向け以外に教員向けのお便りを出すSCもいて，不登校の児童生徒への対応，保護者への対応，グループでのトレーニングなどを取り上げていました。生徒からのイラストを募集し，ニューズレターに掲載して生徒から喜ばれた例もありました。

　中学校勤務のSCのニューズレターを学区内の小学校でも共有できるようにすると，小学校教員，保護者がSCを活用しやすくなります。

第2章

カウンセリング・支援場面での仕事術

不登校の子どもへの対応

不登校のきっかけと要因（背景）

　不登校のきっかけは，典型的なものとしては，新しい環境（新しい学校，学級）へのなじめなさ，他児とのいさかいや仲間外れ，長期の休みで生活リズムが崩れたこと，身体的な病気で欠席が続いたことなどがあります。したがって，新学期の始まり，特に5月の連休明け，夏休み明け，冬休み明けあたりに不登校は生じやすいです。

　きっかけとは別に，不登校を生み出す要因（背景）を見ていく必要があります。要因も様々ですが，私の経験上，多くのケースに共通するものとして，①学力・学習に関する要因，②対人関係（児童生徒同士の関係，教職員との関係）に関する要因，③家族関係に関する要因があると考えます。この3つの要因が濃淡をもちつつ関係しているのです。

　それらについて，教職員とのコンサルテーション，子どもへの面接，保護者への面接などを通じて，情報を収集し，見立て（アセスメント）を行います。ただし，アセスメントは常に「仮説」です。継続面接などで新たな情報が追加されるたびにその仮説は上書き・更新されていきます。

　不登校には，休み始めたらすぐに学校との関係をシャットアウトしてしまうケースもあり，そうなると，SCの直接の関わりは難しくなります。完全不登校になる前や長期化する前に断続的に学校を休む時期がある場合は，登校している間にSCは子どもと会うことができますから，そのチャンスを大切にしましょう。子どもへの面接の前にできれば学級担任とのコンサルテー

ションを行って，学級担任の見立てをきいておきましょう。学級担任の見立てと，SC自身が子どもと会って得る見立てをあわせて，総合的な見立てを行うことが有益です。

下記のAさんの事例は長期化する前に断続的に登校するケースです。

【Aさん（中学1年・女子）の事例】

5月の連休明けから，腹痛を訴えての欠席が続くようになった。学級担任が保護者と電話で連絡をとると，かかりつけの小児科を受診して「内科的な異常はないので心理的なものではないか」と言われた，と言う。そこで学級担任はSCと話し合い，SCが関わりを開始することになった。数日ぶりに登校してきた時に学級担任はAさんにSCとの面接を勧め，その日の昼休み，AさんはSCと会うことになった。

==========

Aさん　（ドアをノックする）

SC　はい，どうぞ。

Aさん　こんにちは。

SC　あ，Aさんですね。1年1組の。SCの○○です。どうぞ入ってください（と椅子を勧める）。担任の△△先生に言われて来たのかな？

Aさん　はい…。

SC　どんな風に言われたの？

Aさん　あの，学校休んじゃったから，行っておいでって。

SC　何日くらいお休みしたの？

Aさん　えっと…，1週間くらい，かな。

SC　そう，1週間。お休みしたのはどうしてかな？

Aさん　お腹が痛くて。

来室してきた子どもの不安に配慮しながらききとる

　来室してきた子どもに対して，その不安な気持ちを十分配慮しながら，話をききます。「どうして学校に行きたくないのか」とダイレクトに不登校の要因をきくことはあまりお勧めできません。まず今の状況，今の気持ちから入るのがよいでしょう。

　Aさんの場合，腹痛という身体症状がありますから，そこからききます。

SC	そう，お腹が痛いの。どんな感じなの？
Aさん	朝，目が覚めた時，お腹が痛くて。起き上がれないくらい。
SC	それはつらいね。その痛いのはいつくらいまで続くの？
Aさん	お昼前くらいまでかな。
SC	じゃあ，朝ごはんは？
Aさん	食欲もわかない。
SC	お腹が痛いのがおさまったら，ごはんは食べられるの？
Aさん	はい。
SC	お医者さんには行った？　（Aさん頷く）お医者さんには何て言われた？
Aさん	心理的？　なものじゃないか，って。
SC	心理的，どういうことだろう？
Aさん	うーん。
SC	そう言われてどう思った？
Aさん	よくわかんない。お母さんは，「いじめられたりしていない？」って言ったけど。
SC	そういうことあるの？
Aさん	ううん，みんないい人だから。そんなことない。

ここでは，Aさんの腹痛という身体症状について，きいています。

　「心理的」という小児科医の見立てがあることを知っていても，腹痛が本人の困りごとであることは間違いないので，それを大事にきくことが大切です。そのうえで，小児科医の言う「心理的」という言葉が出てきた時，それについて生徒が感じたこと，経験したことをききます。母親が「心理的」＝「いじめ」という懸念を示したことは，短絡的かもしれませんが，そのことをきいていくことで，Aさんの学校における人間関係を明らかにしてくことができるのですから，よいきっかけになります。ここでAさんは「いじめ」を否定しますが「みんないい人だから」という表現は，ちょっと極端すぎる気がしませんか？　そこにAさんの対人関係の特徴がありそうです。昼休みという短い時間での面接でしたので，15分ほど話をきいて，面接を切り上げ，次につなげます。「もう昼休み終わりだね。どうかな。お話ししてみて」と，面接の感想をききます。「すっきりした」「最初は緊張したけど，わりとしゃべれてよかった」など，ポジティヴな感想がきけたら，まずは面接はうまくいったと考えてよいでしょう。もっとも，他者の感情を忖度するタイプの生徒だと，予定調和的にポジティヴな感想を述べる場合もありますから，どういう気持ちでその言葉を発しているかをよく見守る必要はあります。

　「すっきりしたの？　それはよかった。何かすっきりしない，もやもやした気持ちがあったのかな。では，これからも，時々，話をするっていうのはどうかな？　お医者さんの言う『心理的』な問題というのも，話をしていくうちに思い当たることが出てくるかもしれないし」などと言って，継続面接を提案します。生徒が了承したら，頻度と1回の時間を決めます。不登校の始まりの時期で，今後の登校がどうなっていくかわかりませんから，決めた通りにはいかないでしょうが，例えば，SCが週に1回程度の勤務であれば，SCの勤務日の昼休みに話す，ということを決めておくことができるでしょう。

② 別室登校の子どもへの対応

別室登校の子どもへの対応

　今，多くの学校で「別室登校」が行われています。教室には入れないが，保健室や相談室といった教室以外の場所なら入れるというケースです。完全不登校となって社会的な刺激から断絶されることを防ぐことができますが，「別室登校」の難しさは，「教室」への復帰を実現することです。別室には登校できても教室への心理的ハードルが高く，そのまま別室への登校が続くというケースが多いです。文部科学省は2019年の「不登校児童生徒への支援の在り方について（通知）」の中で不登校児童生徒への支援の視点として，「『学校に登校する』という結果のみを目標にするのではなく，児童生徒が自らの進路を主体的に捉えて，社会的に自立することを目指す必要があること。また，児童生徒によっては，不登校の時期が休養や自分を見つめ直す等の積極的な意味を持つことがある一方で，学業の遅れや進路選択上の不利益や社会的自立へのリスクが存在することに留意する」と述べています。「別室登校」の児童生徒についても「教室復帰すること」だけを目標にすることは不適切であり，児童生徒が「自らの進路を主体的に捉え」「社会的に自立する」ことができるよう支援する必要があります。「社会的自立」を目指すためには，児童生徒の状態に合わせた学習指導を組織的・計画的に行う必要があります。それに加え，児童生徒が「自らの進路を主体的に捉え」られるようになるために，SC がカウンセリング等の支援を行うことの意義は大きいと言えます。

別室登校の開始

なし崩しに別室登校を始めるのではなく，学級担任，学年会，生徒指導委員会等がその必要性を検討したうえで本人と保護者に提案することが必要です。その際，本人の心理的状態，学力等をアセスメントし，登校の日数や時間帯，別室での過ごし方を決めます。別室登校が始まる前にSCが会うことができるようなら，心理的なアセスメントについて貢献できるでしょう。

別室登校が始まってから

SCが定期的に面接を行いたいところです。ある程度の時間を別室で過ごすことのできる児童生徒なら，学級担任を中心として学習指導（個別指導やIT機器を活用した授業）が行われるでしょうから，その指導の中で本人が感じていることをききとることができます。また，本人の余暇活動，興味関心に耳を傾けることも重要です。学習の話はあまりしたくない児童生徒も，「好きなこと」なら話せるからです。一見，学校生活と関係がないと思われる趣味の話も，その子どもの隠れた願いや葛藤が隠れているかもしれません。以下の例を見てみましょう。

【Bさん（中学2年・女子）の事例】

進級後，新しいクラスになじめないと感じ休み始める。学級担任から「学習室」登校を勧められて週3日ほど，1日につき2時間程度の登校を行うようになった。SCは隔週でBさんとの面接を行うことになった。

SC　学習室登校が始まって1週間経ったけど，どんな感じですか？

Bさん　静かなのがいい。

SC　教室はうるさかったの？

Bさん	みんなおしゃべりしていて…私ひとり浮いている感じ。
SC	そう，それはつらかったね。学習室は3年生の女子とBさんの二人ですね。おしゃべりすることもあるの？
Bさん	時間割通りに勉強して，休み時間におしゃべりしてる。
SC	時間割は自分で決めるのね？ （Bさん頷く）どんな風に勉強しているの？
Bさん	自習の時とタブレット学習と先生が来て教えてくれるのと。
SC	いろいろあるね。どの勉強の時が好き？
Bさん	やっぱり…教えてもらえるのがいいです。

SC は，好きな科目，苦手な科目についてもきいていきます。
その後，家での過ごし方についてもききとります。

SC	おうちではどんな風に過ごしているの？
Bさん	動画見たり，本読んだり。
SC	どんな本？
Bさん	「ハリー・ポッター」とか。
SC	「ハリー・ポッター」のどういうところが印象に残っている？
Bさん	ハリーがおじさんのうちでひどい目に遭っていて…でも11歳の誕生日に，魔法学校からの手紙をフクロウが運んでくるところ。

興味関心が伝えるもの

　「ハリー・ポッター」で11歳の誕生日にフクロウが使者として手紙を運んでくるシーンを印象深いシーンとして挙げたBさんの心模様はどういうものでしょうか。いろいろ推察できますが，私は，ハリーの隠れた才能が明らかになることに注目していることからBさん自身も自分の中の隠れた可能性を

信じている，期待をかけているのでは，と感じます。そして，カウンセリングを通じて，Bさんの可能性が発現するのを助けたいと考えます。

将来像について

　別室登校から教室復帰への移行の難しさについて触れました。SC は定期的に面接する中で，教室復帰をどのように促したらよいでしょうか。教室復帰したい，と明白に感じているなら，具体的なステップアップを考えることができますが，多くの場合，別室登校で精一杯であって，できれば卒業まで別室で過ごし，高等学校への進学を機に教室に再参加したいと生徒は考えます。そういう場合，面接の中で時々，教室について感じていることをきいてもよいですが，教室復帰への支援を計画的に進めるのは難しいです。少し先の将来像をきいてみましょう。高等学校についてはどう考えているのか。高等学校よりも先の学校や仕事についてはどうか。「何も考えていません」と取り付く島もない場合もありますが，何かしら「希望」が語られたら，それは話の展開のきっかけになります。

> **SC**　Bさんは中学校を卒業したらどうしたい？
>
> **Bさん**　やっぱり高校は行きたい。
>
> **SC**　その後は？
>
> **Bさん**　国際社会のことを勉強したい。
>
> **SC**　ほう，国際社会。そういう風に考えるようになったのは？
>
> **Bさん**　最近のニュースで，国と国の考えが違っているのを見て。もっとお互いに尊重しないといけないんじゃないかって。
>
> **SC**　なるほどね！

　Bさんは世界情勢についてのニュースに関心をもっています。そして考えの違う国同士が「互いに尊重」することが大切だ，と考えています。この考

えをきいて，さて，どのように話を展開しますか？　パソコン室に行って国際関係についてインターネットで調べることもできるでしょう。もう1つ，Bさんの将来像についての考えの背景にある心模様を考えるとしたら，どうでしょうか。「国」を「人」に置き換えるなら，Bさんは，自分と人，あるいは他の人同士の考えが違っているのを見ている，そしてもっと互いに尊重し合わないといけないと思っている，自分も他者からもっと尊重されたいと思っている，という可能性も考えられると思います。

　別室登校に限らないことですが，クライエントの語りについては，額面通りの理解に加えて，その内容が暗示するもの，背景にあるクライエントの隠れた気持ちについても推察できる場合があります。ことに好きなこと，興味関心についての語りは，そのように推察すると有用な場合が多いように思います。そしてそのことは思春期のクライエントにおいて，特にあてはまると思います。

　思春期のクライエントの興味関心の語りをどうきき，どう理解すれば，それを問題解決につなげられるかについては，山中（1978）の「思春期内閉 Juvenile Seclusion ―治療実践よりみた内閉神経症（いわゆる学校恐怖症）の精神病理」を参照することをお勧めします。かなり昔に書かれた論考ですが，興味関心を表現できるクライエントに対応する際に活用できる考え方だと思っています。この論文の中の「籠史郎」の事例の中でクライエントである籠史郎さんは，面接の中でセラピストに自分の読んだ本について話します。単にその時読んだ本を紹介しているだけに見えて，本をシリーズで見渡すと，籠史郎さんが自分自身の歴史について，自分の内的な世界の変容について語っているように見えます。著者は，不登校の子どもたち，家の中にこもっている子どもたちがもつ興味関心を，外界に向けて開かれた小さな「窓」と評価し，セラピストがそれを大切にして耳を傾け続ける中で，子どもの内的な変化・変容が生じるのだと説きます。

　ただ，今の子どもたちにとって関心があるのは，圧倒的にアニメ，ゲーム，動画サイトであって，この論文の事例のように読んだ本について語る子ども

は少ないでしょう。中高生と世代の近い若い SC ならば，ゲームやアニメ，動画などの興味関心についてその背景を思いめぐらすことができるのではないかと思います。例えばアニメの話をきく時，そのアニメのどういうところが好きか，印象に残っているかをきくとよいでしょう。好きなシーン，ストーリーの好きなところは，その子どもの興味関心，願望，性格などを反映していることが多いです。また，登場人物の中で関心がある者についても語ることができれば，それはその子ども自身のありようや，理想像，または隠れた一面を語ることになるかもしれません。SC もそのアニメを見たことがあったり，好きだったりすれば，話をききやすいでしょうが，くれぐれも，興に乗りすぎてしゃべりすぎないように，注意しましょう。その子どもが好きなものを SC が知らない場合，調子よく応答することはできないでしょうが，知りたいから教えてほしい，という態度で臨めばよいかと思います。知らないことを知る，それは，実はクライエントについて知っていく，ということなのですから。

【参考文献】

・山中康裕「思春期内閉 Juvenile Seclusion —治療実践よりみた内閉神経症（いわゆる学校恐怖症）の精神病理」中井久夫・山中康裕 編集『思春期の精神病理と治療』岩崎学術出版社，1978年.

③ 集団になじめない子どもへの対応

　いずれの校種においても，集団になじめない子どもはいます。その要因の第1は環境の変化です。転入学，とりわけ小規模の小学校から大きい中学校に入学した場合にこの種の問題が生じます。高等学校では人口の少ない地域から都市部の高等学校に進学した場合，知り合いがほとんどいないということがあります。都市部の高等学校に入学するためにアパートや寮など，親元を離れて暮らす例もあります。転入学の他には，新学年になってクラス編成が変わった場合もなじめないという事態が生じます。第2の要因は当該児童生徒のコミュニケーションの力の問題や新しい環境への順応の力です。

　不登校につながることもありますから，なるべく早く支援をしたいところです。児童生徒の自主来談を促すためには，前述したSCからの広報（ニューズレターなど）（p.26）は重要です。また，児童生徒の適応をいち早くつかむことができるのは学級担任で，中学校なら「ひとこと日記」といったものを担任に提出させることがよくありますから，その日記の記載内容から，担任が生徒の不適応感を把握し，必要に応じてSCとの面接を勧めることが肝要です。

【Cさん（中学1年・女子）の事例】
　小規模の小学校から中学校に入学し，ほとんど知り合いのいないクラスで，なかなか友だちをつくることができない。5月末，学級担任の勧めで来談した。

　Cさん　（ノックして）あのう，いいですか。

SC　あ，Cさんですね。１年２組の〇〇先生から，Cさんにカウンセリングを勧めた，ときいています。どうしましたか。

Cさん　クラスになじめなくて。

SC　そう。クラスはどんな感じですか？

Cさん　同じ学校から来た子が男子２人だけで，女子はいない。

SC　そうなのね。クラスでおしゃべりすることは？　（Cさん首を横に振る）休み時間はどんな風に過ごしているの？

Cさん　本を読んでいる。

SC　近くの席の女子と話したことはある？

Cさん　初めは何小から来たの，とか。でも，そのうちグループができちゃって，休み時間はそっち行っちゃう。

SC　Cさんは何小学校から来たの？

Cさん　△小学校。

SC　６年生はみんなで何人だったの？

Cさん　10人。女子は３人。

SC　小さい学校だったのね。（Cさん頷く）中学校は４クラスでそれぞれ35人位いるからね。入学式の時も，びっくりした？

Cさん　いっぱいいるって…。

SC　中学校に入る前はどんな風に感じていたの？

Cさん　ちょっと不安だった。でも仲のいい子が一緒だったらいいなって。入学式のクラス発表で誰もいなくて。

SC　そう，それは残念だったね。入学してから２カ月，心細い思いだったでしょう。でも，そのことを担任の先生に話してくれてよかったと思いますよ。これからクラスでどうしていったらいいか，カウンセリングで話していきましょう。

　Cさんが帰属感や充実した感じをもつことができるようになるには時間がかかるでしょうから，継続してカウンセリングするのがよさそうです。無理

なく継続できるように，昼休みや放課後に短い面接を行っていくことがよい
かと思います。次の面接まで，クラスでの生活をどうしのいでいくかを考え，
一応の方針を決め，次回の面接でさらなる方法を考えるということができる
でしょう。Cさんの場合は，授業中は問題がないがつらいのは休み時間とい
うことなので，その時間は，本を読むか，図書室に行くという方法をとるこ
とにしました。卓球部にも入っていて同じ小学校出身の生徒もいるので，部
活動ではある程度話もできるようです。クラス集団への適応を促すには，学
級担任など学年の教員の役割も大きいので，SC は学級担任などとコンサル
テーションを行って連携します。

【第2回カウンセリング　2週間後の放課後】

Cさん　こんにちは。

SC　Cさん，こんにちは。この前話してから，どんな感じかな。

Cさん　休み時間のこと？　（SC頷く）時々図書室に行くけど，教室で
も本読んでいる。何の本読んでいるの？　と隣の席のPさんが
きいてきた。

SC　それはよかったね。なんて答えたの？

Cさん　○○シリーズって。

SC　そうしたら隣の子は？

Cさん　知らないなあ，って。

SC　そうか。知っていたら話が弾んだかもしれないね。でも，ちょ
っと話ができたのはよかったんじゃない？　（Cさん頷く）Pさ
んとまた話ができるといいけど。どんな風にしたらいいかしら。

Cさん　私から，言うのはちょっと…。

SC　Pさんから話しかけてくれるのを待ちますか？

Cさん　それだと，いつになるかわからないし。

SC　Pさんも本が好きなのかな。

Cさん　そうかもしれない。読んでいる時があるから。

SC	Cさん，Pさんのこと，よく見ているのね。何の本？　Cさんの知っている本ですか？
Cさん	たぶん，前にちょっと読んだことのある本だと思う。
SC	じゃあ，その本のことをきいてみるっていうのはどう？　Pさんが声をかけてきた時みたいに，「何の本読んでいるの？」ってきいてみるのは？
Cさん	それなら，できるかも。

【第３回カウンセリング　２週間後の放課後】

SC	この２週間はどうでしたか？
Cさん	Pさんと少し本の話ができました。
SC	そう，それはよかったね。
Cさん	あと，先生が，学活の時間に，自己紹介と他者紹介っていうのをやって。（SC頷く）隣の席の子とペアになって，自己紹介し合って，それを別の人に伝えるっていうのをやりました。それで，少し話しやすくなった。
SC	そう，それはよい学活だったね。Cさんにとっていい機会になりましたね。Cさんがどんな人か，何人かの人にわかってもらえた？　そして，クラスの人たちがどんな人か，少しわかりましたか？

　Cさんがある程度安心してクラスの中で過ごせるようになるまで，短い面接を続けました。集団適応を促すための「仕掛け」としての学活は，SCと担任とのコンサルテーションの中で，担任から出てきたアイデアでした。それも功を奏しました。そしてそれは，Cさんだけのためでなくクラスの生徒皆にとって，自分について考え，他者について知る機会にもなりました。学校の中で困っている人への対応を考えることは，このように全体のためにもなることが往々にしてあります。

4 対人関係の悩みがある子どもへの対応

　対人関係の悩みの相談は多いですが，内容は様々で，仲間外れ，陰口といったいじめ，他者に気を使い疲れてしまうケース，仲違い，などあります。陰口の訴えの中には，本人の主観が強すぎる場合があります。「いじめ」の可能性を否定せずに話をきいていくうちに，関係念慮の可能性が高いと判断される場合があります。ここでは，そういう例をとりあげてみましょう。

【Dさん（高校2年・女子）の事例】
　2学期，体調不良で1週間欠席して登校したら，仲良くしていた女子2人が自分を見て笑っていると感じ，養護教諭に相談。SCとの面接を勧められて来談した。

SC	Dさんですね。（Dさん黙って頷く）養護教諭の〇〇先生から来られるときいていました。どうしました？
Dさん	悪口を言われていて。
SC	悪口，ですか。どういう悪口ですか。
Dさん	わからないけど，何か言われている感じがする。
SC	どういう時に，そう感じるのですか。
Dさん	朝，教室に入った時。私の方を向いて笑っている。
SC	誰さんが笑っているのかな。
Dさん	QちゃんとRちゃん。
SC	その人たちは，Dさんのお友だち？
Dさん	友だちだったんだけど。久しぶりに登校したら雰囲気が…。

SC	学校に出てきたのはいつですか。
Dさん	今週の月曜日。
SC	今日は4日目，この4日の間に，Qちゃんたちとお話ししましたか。（Dさん首を横に振る）月曜日にお話ししなかったの？
Dさん	登校したら先生に呼ばれて欠席中のプリントとかもらってから教室に入ったからすぐ1時間目が始まって。2時間目は理科室に移動で休み時間も話できなくて。2時間目の後，話そうかな，と思ったら，2人がこっち向いて笑っていて。悪口言っている，って思ったから声かけるのをやめた。
SC	そうか。久しぶりに学校に来たけれど，まだお話ししていないのね。2人はどういうことを言っているって，感じるの？
Dさん	わからないけど。1学期に，Dって，空気読めないよね，って言われたことあって。そういうことを言っているんじゃないかって。

　この後，欠席中，クラスに関して心配に思っていたことが話されます。体調が回復した安心と再びクラスに参加する不安がないまぜになった気持ちで登校し，友だちに接触できないまま過ごす中で不安が勝っていったようです。3人という不安定な関係の中で仲間外れにされる不安もあったようです。

　「空気読めない」と言われて，集団の中でのふるまいについてのとまどいがあったとも考えられます。SCは継続的にカウンセリングを行っていく一方で，学級担任，養護教諭と話し合い，今後の方針を決めます。Qさん，Rさんの考えと気持ちをききたいところなので，学級担任か養護教諭が担当することになるでしょう。Dさんが前のようにQさん，Rさんと仲良くしていくのか，あるいは他の人間関係を構築していくのか，どちらの可能性も考えつつ，SCは教員と協働しながら対応していきます。

5 発達障害のある子ども，その可能性のある子どもへの対応

　発達障害のある子どもについては，学級担任への支援，保護者への支援が中心になります。子どもの年齢が低いうちは，自分自身の発達的特徴にはまだ気づかず，それが要因となって起きている問題や状況への自覚が薄いからです。発達障害がベースにあって，不登校になれば，不登校児童生徒としてSC は関わることになり，その中で，徐々にその子どもの発達的特徴について話し合うことができるかもしれません。

　発達障害のある子どもが自分の発達的特徴に気づいて悩み始めるのは思春期が多いです。何となく自分と他が違う，自分が集団の中で「浮いている」と感じ始めるのが契機になることが多いです。この項では，自他の違いに気づき始めた高校生のケースをとりあげます。

【Eさん（高校１年・男子）の事例】

　学級担任を通じて，SC のカウンセリングを予約した。担任には「性格について相談したい」と伝えている。

SC	１年２組のEさんですね。（Eさん黙って頷く）SC の〇〇です。今日はどういうご相談でしょうか。
Eさん	何か自分が，浮いている感じがするというか。
SC	浮いている？　どういう時にそう感じるのですか。
Eさん	ふとした時に。自分と他の人の感じ方が違うっていうか。他の人たちは笑っているのに，その意味がわかんないとか。
SC	冗談の意味がよくわからない時があるということですか。（Eさ

ん頷く）他にはありますか。

Eさん しゃべりだしたら止まらなくて。特に好きなアニメの話とか。気づいたら，みんながしらーっとしている。あと，委員会の仕事で，「適当にやっといて」って言われて困ってしまうんです。ほんとにどうしたらいいかわからない。あ，急な変更にも困ってしまいます。ネットで調べたら，自閉スペクトラム症っていうのがすごくあてはまるなあと。僕って，自閉スペクトラム症なんでしょうか。

SC 自閉スペクトラム症です，という診断をするのは病院のお医者さんなんですね。診断を希望されるなら，いくつか，病院を紹介することもできます。（Eさん頷く）その他，私ができるのは，Eさんが学校などで困る場面を挙げてもらって，その場面でどうしたらいいかを一緒に考えていくことです。

Eさん 病院は…いつかは行かなきゃいけないかもしれないけど，今は行きたくない。親にもまだこんなことで悩んでいるって言ってないから。

SC ではまず，困っている場面での対応を考えていくことから始めましょうか。まずは，しゃべりだしたら止まらないという点について考えてみましょう。どういうアニメが好きなのですか。

　この後，月に1回の面接を継続し，具体的な場面での対応の工夫，助けを得られる人は誰か，などを考えていきます。学級担任とのコンサルテーションで，Eさんからは申告されていない，学級で見られる特徴的な行動（切り替えが難しい，忘れ物・失くし物が多い，数学は得意だが，書字がとても苦手など）についても情報が得られ，自閉スペクトラム症（ASD）の可能性があると思われました。当分は本人への面接を継続し，自身の障害の理解と受容が本人の生活に役立つ，必要と考えられた時点で本人の了解を得て保護者への面接を行い，医療機関の受診を勧めることにしました。

⑥ 家族関係に悩みがある子どもへの対応

　家族関係で悩む子どもは多いです。特に思春期になって親と自分の関係，父母の関係などで悩む子どもが増えてきます。保護者への面接を行って親子関係を調整することもあり得ますが，子ども自身の事態に向かう力をエンパワーするというやり方もあります。

【Fさん（中学3年・男子）の事例】
　学級担任を通じて，SCのカウンセリングを予約した。担任には「父親との関係について相談したい」と伝えている。

> **SC**　3年3組のFさんですね。（Fさん黙って頷く）SCの〇〇です。今日はどういうご相談でしょうか。

> **Fさん**　父との関係が…。父は医者で，僕にも小さい時から医者になれって。小学生の時は，僕もそう思っていたし，いい成績をとったらほめてくれて，それでますますがんばろうと思った。でも，中学2年くらいから成績が下がりだして…。（SC頷く）そしたら父がすごく怒って。なんでこんな簡単な問題わからないんだ。それでも俺の子か。こんなんじゃ医者になれない。本気でやる気あんのか，とか言ってきて。

> **SC**　ずいぶん，きつい言い方。Fさんはそれを言われてどういう気持ちになりますか。

> **Fさん**　がんばろう，って思うこともあるんですが。でも，がんばってもどうせ僕はだめなんだ，と思ったら，やる気もなくなっちゃ

って…。成績はますます下がってきています。

SC お父さんはどういう時に，Fさんを叱るのですか。

Fさん 普段は帰りも遅いんですが，たまに早く帰ってきた時とか。酒飲みながら，テストの結果見せろって言って。

SC お父さんのお帰りが早い時は，Fさんびくびくしちゃうんじゃないですか。（Fさん頷く）Fさんの家族を教えてくれますか。

Fさん 父と母の3人家族です。

SC お父さんがFさんにきつい言い方をする時，お母さんはどうしていらっしゃるのですか。

Fさん 父は暴君なんで母は何も言いません。モラハラっていうのかな。僕のことをだめだって言ったら，その次は，こいつがだめなのは，おまえの遺伝だ，って母に。母は泣いちゃって。母の気持ちを考えたら，僕ががんばって成績を上げなきゃって思うんだけど。

SC Fさん。あのね。勉強は，自分のためにするものなんだ。お母さんを助けてあげたいっていうあなたの気持ちはとても優しいけれど，お母さんのために勉強するのではないと思います。そして，お父さんのあなたへの言葉は，非常に不適切です。言葉の暴力です。それをただただあなたが我慢するような状況は，何とか解決しないといけないと思います。そのためには…

　父親の言葉の暴力を封じるためにどうしたらいいか，SCは考えます。

　まずは，Fさんの家庭内での安全をある程度確保するために，父親の暴言から身を守る，暴言から逃げる方法を考えます。Fさんは，塾の自習室が逃げ場になり得ると言い，それを使うことにしました。

　ついで，母親がFさんの味方になる可能性はあるのかを検討したところ，Fさんが，母はわかってくれそうだと言うので，母親への面接を行うことにしました。母親にこれまでの経過をきくと，父親はFさんが生まれた時とて

も喜んだこと，Fさんにとても期待をかけていること，父親自身は苦労人で刻苦勉励の結果，医者になったが，出世競争からは外れていてその悔しさもあり，自分のような医者としての敗者には息子になってもらいたくない，その一心から，励ましのつもりで言っているのだと思う，と父親を弁護しました。SCは，父親の行動の背景にあることはよく理解できたのですが，その発言内容は暴言であり，Fさんの心を損ない，肝心の意欲をそいでしまっていることも確かなので，Fさんを父親の暴言から守らなければならない，そのためにお母さんの協力が必要だ，と伝えました。父親に自分の行動を振り返って修正させるための方法は何かないかと母親にきくと，「私の言うことには耳を貸さない」と言い，母親自身も父親のモラルハラスメント的な発言を繰り返し受けて，適切な主張を行う意欲をそがれてしまっているようでした。父親がSCの面接を受ける可能性については，母親は言下に否定しました。

　そこで，Fさん，母親，両者の面接を継続しながら，Fさんについては，自分の興味関心と長所を考えながら進路（将来の仕事）をともに考えていく，そのことを通じて，Fさんの自尊心を高め，父親に対して適切に主張できる力をつけることを目指すことにしました。母親に対しては，塾の自習室を避難場所に使う方策を続けられるように支援（具体的には送り迎え）し，父親が落ち着いていて機嫌のよい時，Fさんのがんばっている様子を伝えてもらうことにしました。

　Fさんは，理科，特に鳥が好きなので，将来は鳥類の研究者になりたいと考えるようになりました。目標が決まると，学習意欲が少し上がってきて，成績も改善してきました。母親への面接で話される父親の様子からは，たまに早く帰ってもFさんがいないので寂しがっていること，Fさんの成績が少し上がってきてほっとしているらしいことが伺えました。

　夏休み中の三者面談（本人，学級担任，母親）で，志望校がほぼ決まり，学級担任からは努力目標が提示され，夏休み中，その目標に向かってFさんは努力しました。また，所属する「理科クラブ」で，地域の鳥類についての

調査研究に取り組んできたのが，県知事賞を受賞し，父親も，「医者になるのに研究は必要だからな」と言いながら喜んでいたとのことでした。

　２学期終盤，いよいよＦさんは，父親に自分の進路を伝える決心をしました。Ｆさんと母親で入念に計画をし，進路を伝えた時の父親の反応を予想し，それへの対応を考えました。日曜日の夕方，父親が晩酌を始める前に，伝えることにしました。「僕は，医者にはならない」と告げた時，父親は激昂し，「誰に食わせてもらっていると思っているんだ」とＦさんをなじりました。Ｆさんは頭を下げながらも，意思は変えません。「お父さんが僕にとても期待をかけてくれて，小学校の時から数学や理科を教えてくれたのは，ありがたいと思っている。そのおかげで理科が好きになれた。だから僕は，鳥の研究者になりたいと思っている」と伝えました。母親は「Ｆは，とても一生懸命に自分の将来を考えて，鳥が好きなことに気づいて，それを一生の仕事にしたいと思っているんだから，わかってやって」と口添えしました。父親は，「外で飲んでくる」と出かけ，深夜に酔って帰宅しました。それから１カ月近く父親は母親，Ｆさんとほとんど話をしない状態でした。母親もＦさんも，果たしてこの方法がよかったのかと，ＳＣに迷いを口にしたりもしましたが，ＳＣは２人の決断を支持しました。

　その後，父親の上司が，Ｆさんの鳥類についての調査研究を新聞で読み，関心をもってほめてくれたことなどもあり，父親の態度は次第に軟化，Ｆさんは塾の自習室に避難しなくてもよくなりました。

　志望校に合格し，卒業する時，卒業式には父親の姿もあり，式後，両親そろって学級担任に挨拶をしました。父親は「医者にならないと言われた時は私の人生が否定されたような気がしましたが，私にここまで自分の考えを言えるなんて，こいつも成長したんだな，と思えるようになりました。一時は志望校にはとても受からないような成績だったのに，ここまで引っ張り上げていただいてありがとうございました」と礼を述べました。そしてその後，本人と母親がＳＣのところに挨拶に来て，Ｆさん本人は「先生と話して，だんだん力がついて，父と対決できました」と述べました。

7 いじめとは ～いじめ防止対策推進法～

いじめとは

　いじめ防止対策推進法が2013年9月28日施行されました。この法律の第二条でいじめは以下のように定義されています。

> 第二条：「いじめ」とは，児童等に対して，当該児童等が在籍する学校に在籍している等当該児童等と一定の人的関係にある他の児童等が行う心理的又は物理的な影響を与える行為（インターネットを通じて行われるものを含む。）であって，当該行為の対象となった児童等が心身の苦痛を感じているものをいう。

　この法律により定められていることをまとめると，①国，地方公共団体及び学校の各主体が，「いじめ防止等のための基本的な方針」を策定する，②地方公共団体は，関係機関等の連携を図るため，学校，教育委員会，児童相談所，法務局，警察その他の関係者により構成されるいじめ問題対策連絡協議会を置くことができる，③学校は，いじめ防止等に関する措置を実効的に行うため，複数の教職員，心理・福祉等の専門家その他の関係者により構成される組織を置くこと，となります。

　いじめ防止等に関する組織に，「心理・福祉等の専門家」を置く，と定められた心理の専門家は，多くの場合SCです。SCの存在が法律の中で暗示されたのはこれが初めてです。

いじめの定義の変遷

　いじめの定義は，実は，時代とともに変わってきました。1986年からの文部省による定義は，「いじめ」とは，「①自分より弱い者に対して一方的に，②身体的・心理的な攻撃を継続的に加え，③相手が深刻な苦痛を感じているものであって，学校としてその事実（関係児童生徒，いじめの内容等）を確認しているもの。なお，起こった場所は学校の内外を問わないもの」とする，でした。1994年から文部省による定義が変わり，「いじめ」とは，「①自分より弱い者に対して一方的に，②身体的・心理的な攻撃を継続的に加え，③相手が深刻な苦痛を感じているもの。なお，起こった場所は学校の内外を問わない」とする。なお，個々の行為がいじめに当たるか否かの判断を表面的・形式的に行うことなく，いじめられた児童生徒の立場に立って行うこと，と変わりました。その背景には同年，いじめによる子どもの自死が相次いで起こったことがあります。1986年の定義における「学校としてその事実（関係児童生徒，いじめの内容等）を確認しているもの」が削除され，「いじめに当たるか否かの判断を表面的・形式的に行うことなく，いじめられた児童生徒の立場に立って行うこと」が追加されました。2006年からの文部科学省による定義は，①個々の行為が「いじめ」に当たるか否かの判断は，表面的・形式的に行うことなく，いじめられた児童生徒の立場に立って行うものとする。②「いじめ」とは，「当該児童生徒が，一定の人間関係のある者から，心理的，物理的な攻撃を受けたことにより，精神的な苦痛を感じているもの」となり，「一方的に」「継続的に」「深刻な」が削除されました。2013年からは先述したように，「いじめ防止対策推進法」によって定義されました。現在は，いじめは，学校が事実を確認しているかどうかはおいて，いじめられた児童生徒が「心身の苦痛」を感じているものを言い，文部科学省は「いじめの認知」という文言を使って，各学校が積極的に「認知」し，対応することを奨励しています。

いじめの事後対応

いじめ現象と対応

　森田ら（1994）は，いじめ現象を加害者，被害者，観衆，傍観者の四層構造から成るとしています。観衆は，いじめの場面ではやしたてたり，にやにやしたりすることで消極的にいじめに関与し，傍観者は，いじめの事実を見聞きしながら何もしないことでいじめの継続に関与すると考えられます。

　いじめへの対応は，学校の教職員が組織的に行うべきであり，できる限り早期にかつ継続的に行われるべきものです。これは事後対応ですが，同時に，いじめ防止の対応も重要です。この項ではSCがいじめの事後対応にどう関与できるかについて述べ，次の項ではいじめの予防にどのように関与できるかについて述べます。

いじめの事後対応

　いじめの発見に関して教員・学校は様々な工夫を行います。年間数回の記名式のいじめアンケート（生活アンケート，などという題名がついています）を行って，自身の被害だけでなく見聞きしたことやいじめ（の可能性のあるもの）についても調査を行います。アンケートに書かれたものについて教員は即時的に，記入した児童生徒から話をきき，周辺の児童生徒へのききとりも行っていじめの事実の確認を行うとともに，被害児童生徒の心のケアに努めます。加害の事実が明らかになれば，その加害児童生徒へのききとりと指

導，保護者への連絡と子どもへの指導の要請を行うのが普通です。

　SC は，どの時点でどの活動に参加できるでしょうか。

　１つ目には，被害児童生徒への対応です。被害児童生徒の傷つきが深ければ，長期にわたる心のケアが必要となるでしょう。当該児童生徒の回復状況を見て，今後のことを考えられるくらいに回復してきたら，その児童生徒がいじめの再発から身を守るスキルをもてるように支援することも考えられます。被害児童生徒はしばしば子ども集団から仲間外れになることを恐れて，被害を大人に伝えることにためらいを感じ，そのため，いじめ被害が長引くことがあります。いじめに対して NO ということと大人（教職員，保護者など）に助けを求めることの大切さを伝えることは重要です。

　２つ目には，加害児童生徒への対応です。福島県の中学校教員の佐藤江里子氏は，青木ら（2007）にて「『やってはいけない！』と厳しい指導と保護者を召喚するだけで終わるのでなく，その育ちの中でなぜそのような行為をしてしまったのかについて保護者と一緒に考える支援をする必要があり，当該生徒の行動の修正を目指す支援（SST などを活用して）が必要になると思われ，それは教育相談部が担うことができる」と述べています。この「行動の修正」を目指す支援を，SC は教育相談担当教員と協力して行うことができればよいと思います。

　ただ，加害児童生徒はたいてい，SC の支援を望んではおらず動機付けされていません。SC の支援的面接が行われるようになるためには，加害児童生徒を SC につなぐ教員の役割が大きいです。教育相談担当教員，学級担任，学年主任，生徒指導担当教員などが，加害児童生徒のどういうところを修正すれば，その児童生徒の益になるということを説明し，そのために SC の面接を受けることを勧める，と話すことが前提になると思います。

【参考文献】

・森田洋司・清永賢二『新訂版 いじめ―教室の病い』金子書房，1994年.
・青木真理・武藤律子・宗形洋子・佐藤江里子，梅原マサ子「組織的教育相談のありかたについての試論」『福島大学総合教育研究センター紀要』第３号，pp.101-108，福島大学総合教育研究センター，2007年.

⑨ いじめの予防

いじめの予防

　前項で述べた，いじめの被害者に自分を守るスキルを身に付けさせること，加害者に自身の不適切な人間関係を考えさせ望ましい関係に変えることができるよう「支援」することは，いじめの再発の予防につながります。

　また，いじめの傍観者に「傍観者としていじめに加担しているという自覚」をもたせ，いじめを見聞きした時にどう動くべきかを教えることもまた，いじめ防止につながります。ただ，いじめは子どもの集団の中で起こることが多いです。小学校中学年あたりから子どもたちは大人の介在しない自分たちの集団をつくり，それを運営していきます。いわゆる「ギャングエイジ」という時期の始まりです。これは子どもの自立と自律，集団の自治を身に付けていく大切な時期です。しかし，子どもの自治集団であるがゆえに，「いじめ」が生じた時，大人が知り介入することが難しくなります。大人が介在しない子ども集団は独自のルールで運営されており，いわゆる「同調圧力」が働いているような場合，傍観者の立場から抜け出ていじめをやめさせるのは，至難の業であり，そうしたがゆえにいじめられるという可能性もあります。

　だからこそ，子ども自身に「いじめを生まない」意識をもたせることが重要となるのです。イギリスの教育省がシェフィールド大学と共同で行った「いじめ防止教育プロジェクト」（1991年4月〜1993年8月）の報告書では，学校全体の指導方針の開発，活用，再検討を行うことを基盤とし，いじめ防止の意識高揚を重視しています。意識高揚のためには指導方針の話し合いに教

職員だけでなく子どもたち，保護者が参加することが効果的だという見解も示されています。日本のいじめ防止対策推進法が求める学校でのいじめ防止対策方針に関しても，イギリスの例に倣い，策定の話し合いに子どもたちが参加することができれば，いじめ防止の当事者意識がより育つのではないかと考えます。

　また，同書は，子どもたちのいじめ防止のために以下の防止策を提案しています。

・いじめについて教える教材を使う。

・いじめられている児童生徒には，いじめる子どもの要求に応じないように指導し，アサーティヴトレーニングも行う。

・いじめを傍観している児童生徒には，いじめに能動的に関与する方法として，①誰かがいじめられている時ににやにやしない，②教職員に話す，③いじめられている児童生徒に一緒に活動するようにすすめる，④いじめをしている児童生徒にやめるように言う，⑤いじめをしている児童生徒によくないことだと思っていると示す。

　さて，SCがいじめ防止に関与するとすれば，被害児童生徒へのアサーティヴトレーニングでしょうか。また，学級全体を対象として教員が行ういじめ防止の教育（道徳の時間等）に，ティームティーチングのT2として参加し，いじめ傍観者に能動的な関与を促す内容をとりあげる（例えば上記の①から⑤をロールプレイで示す）ことができるかもしれません。また，その授業の中で，いじめを受けた場合，いじめを見聞きした場合に大人（教職員，保護者等）に助けを求めることの大切さを伝えることもできるでしょう。

【参考文献】
・イギリス教育省 編集・佐々木保行 監訳『いじめ防止教育指導書　いじめ　一人で悩まないで』教育開発研究所，1996年.

10 いじめの被害者・加害者への対応

　いじめが発覚すれば，学校は「組織」で動き，被害者の心のケアが必要と判断された時，SCがその役割を担います。心の傷つきが深く不登校になると学校でSCの面接を受けることも難しいでしょう。この項では，不登校にはなっていないケースの対応をとりあげます。羽海野チカのマンガ『3月のライオン』第5〜7巻を参考にいじめの被害者・加害者への対応を考えます。このマンガは家族を事故でなくしひとりぼっちになった少年零が，棋士の家に引き取られ，棋士を目指しプロになりますが，将棋の師匠や仲間，近所で仲良くなった川本家，高等学校の教員など様々な人との出会いの中で，失ったものを取り戻していくお話です。ぜひ，読んでみてください。川本家の次女ひなたはいじめに遭った友だちを庇い，いじめの標的になります。マンガではいじめを訴えても学級担任がまともに取り合わず，いじめがひどくなりましたが，この項のケースでは教員が適切に対応したと想定します。

【Gさん（中学2年・女子）の事例】
　いじめに遭った友だち（Sさん）を庇い，いじめの標的になった。いじめに関わる調査の後，学年主任にSCとの面接を勧められて来談した。

SC　Gさんですね。（Gさん頷く）X先生から来られるときいていました。いろいろつらいことがあったのですね。（Gさん黙って頷く）ちょっとずつでいいから，話せることを話してもらえますか。

Gさん　今は，みんな遠巻きに見てる感じ。私の方，みんなあんまり見ない。（SC頷く）給食は，班で食べるんだけど，私の班は誰も

しゃべらなくて。Sちゃんをいじめた人たちの声が被さってくる。

SC　Sさんをいじめた人たち…。

Gさん　そう。大きな笑い声。あの人たちは，全然，反省してない。先生たちが一人ひとり呼んで話しているみたいだけど。

SC　Sさんがいじめを受けた時，GさんはSさんを守ろうとしたときいています。

Gさん　守ろうっていうか…。一緒に給食食べよう，って言って。そうしたら，いじめた人たちが，「いいかっこしてる」って。下校の時に，靴がなくなっていて，見たら，外に放り出してあった。

SC　そのことを先生に伝えたのね。

Gさん　すぐには，言わなかった。言ったら，もっとひどくなるんじゃないかって。でも，学校に行く時，お腹痛くなっちゃって。お母さんが，私の顔色が悪いのを見て，どうしたのって。それで，話した。そしたらお母さんがすぐに担任の先生に言ったの。

　Gさんはその後の経過についても話しました。学級担任がGさんの話をきき，Sさんの話もきいたこと，いじめに加担した生徒たちを中心に調査を行い，加害者に反省を求め，その保護者にも適切な対応を求めるという一連の対応が行われたことが話されました。

SC　いじめた人たちは指導を受けたけれども反省しているように見えないのね。

Gさん　Sちゃんと私に，すみませんでしたって。口だけだと思う。まわりの子たちは何も言えない感じで。私に近づいたら自分が標的になってしまうって思っているんじゃないかな。

SC　そんな雰囲気の中，教室にいるのはつらいんじゃない？

Gさん　はい…。でも，だからといって学校を休んだら，あの人たちに負けたことになるから。それはしたくない。

SC Gさん。あなたは強い人だね。(Gさん首を横に振る) でも，我慢しすぎないでいいのよ。いじめた人たちが，そのことと向き合うのは時間がかかると思う。そして，いじめを見ても知らないふりをしていた人たちも，とても居心地が悪いのでしょう。かといってクラスの雰囲気をよくすることもできない。そういう中で過ごすのってかなり心に負担がかかると思う。だから，居心地の悪いクラスの中でがんばるあなたを支えたいと思います。(Gさん頷く) これからも続けて，話していこう。

　この後，ほぼ週に1回，SCはGさんへの面接を行っていきます。芯の強いGさんですが，ストレスによって調子を崩す時もありました。Sさんは学校を休みがちになりましたが，養護教諭に支えられ保健室登校を始めました。Gさんは保健室にいるSさんを訪ねておしゃべりすることが楽しみとなりました。3年生になる時に異例のクラス替えがあり（この学校は通常，2・3年は同じクラス編成），新しい環境の中でGさんは新しい良好な人間関係を築きました。SCとの面接でも高等学校生活という近い将来のことを語るようになります。志望校に合格し，中学校卒業とともにSCとの面接も卒業となりました。Sさんは，Gさんと同じクラスで保健室をベースにしながら学級の活動に徐々に参加するようになり，高等学校に合格，卒業を迎えました。

　被害者の生徒への対応では，いじめによる心の傷をケアしつつ，元気を取り戻してきたら，今後についてともに考えることができればよいと思います。

　加害者の生徒への対応はどうでしょうか。学年主任の依頼で，SCは加害者グループのリーダー格の女子，Hさんと面接することになりました。Hさんは学年主任から数回，指導を受け，Hさんの母親も学年主任と話をしています。Sさん，Gさんに母子そろって謝罪はしたものの，学年主任の目には，形ばかりに見えたとのことでした。学年主任は，「反省しない奴だ，と片付けるわけにはいかないと思う。Hのこれからを考えれば，しっかり自分と向き合うことが必要だ。先生（SC）はGにも会ってるから，Hとは話しにくい

かもしれないけど，Hも支援が必要な生徒だと思うんだ」とSCに話しました。SCは「面接しにくいのは確かです。私としては，どうしてもGさんよりになるでしょうし。Hさんの方でも，『どうせGの味方なんでしょ』と思いながら私と会うことになりそうです。Hさんの担当をする他の心理職がいればよいと思うのですが，SCは私ひとりだし，それに先生（学年主任）の『Hも支援が必要な生徒だと思う』という言葉に感銘を受けました。やってみます」と答え，Hさんのカウンセリングを行うことになりました。

【Hさん（中学2年・女子）の事例】

　同じクラスのSさんへのいじめの中心人物。Sさんへのいじめは，発覚しなかった。GさんがSさんを庇った時，HさんはGさんをいじめの標的にした。Gさんへのいじめが学校に報告され，学年の教員による調査，指導が行われた。Hさんは学年主任の指導を受ける。学年主任はHさんの母親も呼び，状況を説明し，親子そろって先方に謝罪するよう指示した。Hさんは母親とともにGさん宅を訪ね，Gさん，その両親の前で謝罪した。その後，再び学年主任の指導を受け，学年主任に「こういうことをするに至ったそれなりの理由があると思う。繰り返さないために，SCと会って，話をしてきなさい」と指示され来談した。

=====

SC　Hさんですね。（Hさん俯き黙って頷く）X先生がSCと話すように，とおっしゃったんですね。（Hさん黙って頷く）では，X先生がその指示を出すに至るいきさつを話してもらえますか。

Hさん　いきさつ？

SC　そうです。

Hさん　うーん。いじめたから，かな。

SC　いじめをした。では，そのいじめについて話してもらえますか。

Hさん　どっちの？

SC　どっちとは？

Hさん	Sのこと？　Gのこと？
SC	どちらも話してください。順番にね。
Hさん	Sはトロくて。移動教室の時とか遅れるし。同じ班になったら先生に怒られる。だから，もっとちゃんとしてって言った。
SC	「ちゃんとして」って言ったのね。そしたらSさんは？
Hさん	何も言わない。何も言わないし，相変わらずだし。だから，そんなだったらこっちはもう付き合わない，って思って。
SC	で，どうしたの？
Hさん	口をきかないようにした。
SC	それは，話しかけないってことね。Sさんから話しかけてきた時はどうしたの？
Hさん	え？　別に，話しかけてこなかったし。
SC	なぜ，話しかけてこなかったのでしょうか。
Hさん	さあ。まあ，こっちも顔を見ないようにしていたし。
SC	では…Gさんへのいじめはどういうことでしたか？
Hさん	あいつ，いいかっこしいなんだ。ウチらへのあてつけみたく，Sに「一緒に給食食べよ」なんて言って。別の班なのに。むっちゃムカッときた。TもUも（加害者グループの生徒たち），感じ悪いって言った。
SC	HさんがX先生たちの指導を受けることになったのはどういうわけですか。
Hさん	…Gの靴を隠した。
SC	靴を？　それはどういうわけで？
Hさん	なんか，ムカッとして。
SC	ムカッとして靴を隠した後は，どういうことを思っていた？
Hさん	まあ，なんか。ちょっとストレス発散。
SC	Hさんのストレスってどんなことかな。
Hさん	いろいろ。

SC	例えば？
Hさん	勉強，勉強って言われる。
SC	誰に？
Hさん	ママ。
SC	お母さんは，勉強，勉強って言うの。どうしてかしらね。
Hさん	いい高校に行けって。
SC	いい高校って？
Hさん	わかんないけど，いい大学に入れる学校ってことじゃないの。
SC	Hさんは大学に行きたいの？
Hさん	そんな先のことわかんないし。
SC	わからない先のために，勉強，って言われたら困っちゃうかな。（Hさん頷く）お母さんがいい大学って言うのは，どういう意味かな。
Hさん	わかんない。自分がいい大学行けなかったからじゃないかな。
SC	お母さんが高校生，大学生だった頃の話を聞くことがあるの？
Hさん	ママじゃなくて，ママのお母さん，おばあちゃんが言ってた。だからママはウチにいい大学に行ってほしいって思ってるって。
SC	そうか。おばあちゃんと，お話しすることがあるのね。
Hさん	ウチしかいない時に来て，なんかいろいろしゃべってく。ママみたいになるんじゃないよ，とか。
SC	ママみたいになるなってどういうことかしら。
Hさん	パパみたいなのと結婚しないってことじゃない。離婚するような相手と結婚するなって。
SC	そうか。それをきいてどう思う？
Hさん	そんなこと言われても困るって。
SC	確かに，そうだわね。Hさんいろいろ苦労を抱えているのね。じゃあ，Hさん，そんな先のことじゃなくて，中学校生活，残り1年半くらいよね。それをどんな風に過ごしたい？

Hさん	はあ？　どんな風にって。普通。
SC	普通ってどういうこと？
Hさん	普通に勉強して，部活して。で，高校に入る。
SC	なるほど，Hさんの言う普通ってそういうことね。ところで，X先生にいじめのことの指導で，どんなことを言われたの？
Hさん	何だっけ。いろいろ言っていた。自分のしたこと考えろとか，何とか。
SC	で，どう思ったの？
Hさん	まあ，よくはないかな。（SC頷く）思いやりをもてとも言われたけど。そんなのいいかっこしいじゃない？
SC	うーん，そうかな。
Hさん	先生も親もさ，あれやれこれやれって，それって思いやりがあるって言える？
SC	なるほど。親御さんも先生たちも，Hさんの気持ちを思いやっていないって感じるのね。それをきいて思うんだけど，カウンセリングを受け続けませんか。Hさんのストレスを軽くするにはどうしたらいいか，一緒に考えていければと思うんだけど。
Hさん	いい，そんなの。もう謝ったんだし，もういいじゃない。
SC	いじめをしたことについて考えるっていうより，Hさんが「普通」に過ごせるように…。
Hさん	ほんと，いいです。もう「普通」です。第一，カウンセリング受けるなんて言ったら，ママが，いつまでそんなことに時間とられてるの，って言う。
SC	わかった。じゃあ，カウンセリングはこの1回だけ。でも，あ，また話したいな，って思ったら，その時は申し込んでね。
Hさん	ないと思うけど。
SC	それじゃあね。これで終わります。

相談したい気持ちがない生徒の対応は難しいです。学年主任に言われてし
ぶしぶ来談したと思われるHさんですが，それなりに苦しいものは抱えてい
ること（特に母親との関係）が吐露され，SCはそこを手がかりに継続カウ
ンセリングの提案をしましたが，うまくいきませんでした。ただこの1回の
面接でHさんが何かしら感じてくれること，自分の心のうちを話すことは悪
くない体験だと思ってくれることをSCは期待しつつ，面接を終わりました。
　Hさんの場合は，3年時に思ってもみなかったクラス替えがあり，仲が良
かったグループ（加害者グループ）はバラバラになりました。2年生の時に
仲が良かったTさんだけはHさんと同じクラスで，2人の世界の閉じこもっ
て過ごすようになりました。部活動もやめてしまい，学習の意欲も落ちまし
た。母親への反抗が強くなり，対応に悩んだ母親がSCに相談を申し込みま
した。SCは，Sさん，Gさんへのいじめの件も含めて，母親の考えとHさん
への態度・対応についてききました。母親は，自分の考えを娘に押し付けす
ぎたと反省していました。今後どのように対応するかを一緒に考えていくこ
とをSCは提案し，継続カウンセリングが始まりました。その中で母親は自
分の母親（Hの祖母）との関係，反対を押し切った結婚と離婚に至る経緯，
自分に自信がもてないことなども語りました。母親自身が，自身の母親との
分離・独立の難しさを抱えていることがうかがわれました。1年弱の継続面
接の中で，母親は自分の強みを生かせる職業に転職し，少しずつ自信をつけ
ていきました。それと並行して，娘のHさんは，学級担任の関わりの中で主
体的に進路を選択し，それがHさんの成長を促しました。SCと学級担任は
適宜情報を共有しました。やがてHさんの高等学校合格，卒業を迎えました。
SCは，Hさんとの面接は1回きりでしたが，母親の支援を行うこと，学級
担任と連携したことで，間接的にHさんの成長に寄与したと言えます。

11 不登校の子どもをもつ 保護者への対応

　不登校のケースでは保護者支援は重要です。子どもが学校に来なければ，保護者が直接支援の対象となります。保護者の困りごとをきいてその解決に向けてともに考え，保護者の子どもへの関わりを修正して子どもの回復，適応改善，意欲の回復などを図ります。また，不登校の回復は一般的に時間がかかりますので，その間の保護者を支えることも重要です。

【Iさん（中学1年・女子）の母親へのカウンセリングの事例】
　長女が夏休み明けから学校に行っていない。親としてどう対応したらよいかわからない。学級担任の勧めで9月末に来談。

SC	1年3組のIさんのお母さんでいらっしゃいますね。
I母	はい，よろしくお願いします。
SC	Iさんは今，どういう状況ですか。
I母	夏休み明けから体調を崩し，最初，風邪かなと思っていたけど，朝起きられず，そのうち昼過ぎに起きる生活に…。
SC	夏休み前はどういう様子でしたか。
I母	「中学に行ったらがんばる」って。友だちもできて。夏休みに入ったら部活に行かなくなってしまい，昼夜逆転に。何かあったの？　ときいたら，部活の人間関係がうまくいかないって。じゃあ，2学期に先生に話すんだよって言いました。始業式だけ行ったんです。でも体調が悪くて話ができなかったらしくて。
SC	それ以降学校に行ったのは？

I母	1回だけです。その後，生活リズムが崩れてしまって。たぶん，昼過ぎに起きる生活です。私も仕事に行ってしまうので，はっきりとはわからないのですが。
SC	起きてからはどんな風に過ごしていますか。
I母	スマホをいじったりしているんだと思います。私がパートから戻る3時頃は，部屋にいて，小3の弟が4時頃に帰ってくると一緒にゲームしたりしています。
SC	1日だけ登校した日以降，お母さんはどんな風に対応されたのでしょうか。
I母	明日は行くっていうから，起こすんですが起きない。私も仕事に行かないといけない。明日どうするの，ときくと，明日は行く，でも起きない，その繰り返しで，私も疲れてしまってもう起こさなくなりました。
SC	お母さんもここまでいろいろ大変でしたね。では，ここからは小さい時のことをおききしたいと思います。

ここから，次のようなことをきいていきます。

生育歴（出生時，乳幼児期の発達，子育て上の課題・悩み）
小学校生活，学業，友人関係，教員はIさんをどう評価してきたか。
同居する家族とその関係。祖父母など親族との関係。
本人の興味関心，将来の職業の希望，親が本人に望む将来像など。

SCは，それらを聴取し，これまでの母親の苦労をねぎらったうえで，Iさんの不登校状態の要因及びIさんの心理的課題について，ある程度の見立てを伝えます。例えば，

Iさんはおとなしいお子さんですが，中学校ではより積極的に行動した

いと思っていたようですね。欠席のきっかけは部活の人間関係ですが，１学期の終わり頃から，思ったようには運ばないという，うまくいかなさ，焦りのようなものを感じていたのではないでしょうか。自分の長所は何か，何が向いているかもよくわからなくなっている。少しずつ自分の長所を見つけて，自信をつけることが大切ではないかと思います。

などと伝えます。そのうえで，母親の困りごとに即しながら，今後の支援方針を提案します。母親は，せめて規則正しい生活をしてほしいと考えています。SCは，早起きのためには「すること」が必要だからそれを母親とIさんで話し合ってみてはどうか，と提案し，母親は「洗濯はどうか」と言います。そこで，母親への宿題として，Iさんとの家事分担について，それに伴う１日の時間の使い方について話し合うことを提案します。そのねらいは，生活リズムの整えに加え，Iさんが家族の役に立っている実感をもつこと，家族から感謝を示されることによりそれが強化されるようになることです。

　さらに母親へのカウンセリングを継続的・定期的に行うことを提案し，Iさん自身もカウンセリングに誘ってほしいことを伝えます。

　月に１回，母親へのカウンセリングが行われることになりました。

【第２回　母親へのカウンセリング】

SC	この１カ月はどのようでしたか。
母	学校は相変わらず行かないんですけど，この前アドバイスをいただいたように，家での過ごし方についてIと話して，洗濯ととりこみをやってもらうようになりました。
SC	そうですか。それができるようになりましたか。よかったです。
母	おかげさまで朝９時には起きるようになりました。
SC	生活リズム，改善しましたね。Iさんの様子はどうですか。
母	私が仕事から戻ったら，話しかけてくるようになりました。
SC	それもうれしい変化です。お母さんにいろいろきいてもらいた

い，話したいんですね。お夕飯の準備や息子さんのスポ少の送迎などお忙しいと思いますが，Iさんと話をする時間を短くてもよいからとるようにしてくださいね。お夕飯の準備を手伝ってもらってもよいと思います。

　この面接の前にSCは学級担任とコンサルテーションを行って学級担任が家庭訪問をするという方針を共有し，学級担任はそれを母親に伝えてあります。本人が学級担任に会うかどうかはわかりませんが，学級担任がIさんを支援したいという意思を家庭訪問で伝えることになりました。

　次回の面接までの母親の宿題は，母親とIさんが協働して夕飯をつくることとしました。ねらいは，母子の関わりを深めること，Iさんの自己効力感のさらなる上昇，調理技術の母親から子への伝達，ものをつくる喜びを母子が経験すること，などです。また，SCはIさん宛てに直筆の手紙を書き，手紙のやりとりをしていきたい旨を伝えました。

　担任は定期的な家庭訪問によりIさんと学校とのつながりを維持する，SCは母親への定期的なカウンセリングによって家庭での対応策（父親の本人への対応を含む）を考え母親を支える，手紙でIさんとのコンタクトを図る，という３本柱で対応していくこととしました。

　卒業までの２年半，学年の切り替わりに伴うクラス編成と学級担任等の変更が本人にどのような影響をもつかを注視し，文化祭や修学旅行といった行事への取り組み（参加するかしないか，参加するとしたらどのように参加するのか）を保護者，学級担任たちと話し合いながら，息の長い支援を行っていきます。友人関係への目配りも学級担任を中心に行い，父親のカウンセリングへの参加も，視野に入れていきます。また，SCから本人への手紙を本人がどう感じ，どう対応するかを母親に観察してもらいます。手紙に関心を見せることも考えられますし，うまくいけば返事を母親に託すこともあり，そうなれば手紙でカウンセリングを行うことができます。

12 発達障害の可能性のある 子どもをもつ保護者への対応

　2007年に特別支援教育の実施が始まってから,「発達障害」の概念が広まりました。教員も SC も「発達障害」の観点から子どもたちを見立てることが多くなりましたし,保護者にも「発達障害」の知識が広まり,自分の子どもが発達障害ではないかと考えるケースが見られます。

　発達の偏り(非定型発達)という観点は重要ですが,結論ではありません。例えば自閉スペクトラム症と診断された子どもたちに共通する傾向はありますが,一人ひとり異なる面もあります。発達障害をベースに考えたうえでその子どもと家族が抱える心理的・社会的課題は何かに注意を向け,課題の解決に向けて対応するという態度が,SC にも教員にも必要です。

　この項では,小学校で教員が発達障害の可能性があると考えている子どもについて,その保護者に SC がどう対応するかを考えてみます。発達障害は多くの場合,小学校で発見されます。中学校,高等学校でも発達障害への対応を求められることはあります。多動性や衝動性といった行動・態度があらわれにくい発達障害の場合,学習面で大きな問題がなければ発見が遅くなり,中学校,高等学校で初めてその可能性が検討されることがあるのです。学業成績がよければ大学で初めて認識される場合もあります。小学校,特に低学年で,多動性,衝動性,指示の理解などの課題が発見されることが多いです。これらは集団,授業という場面であらわれやすい課題です。

　教員が子どもの発達障害の可能性を感じ取った場合,どうするでしょうか。

①教員に特別支援教育の経験がある場合

　教員自身が子どもの状況について保護者と話し合い,課題を共有,医療機

関の受診を勧めることもあります。学校に SC がいれば，教員は SC と情報共有を行い，SC は授業の中での子どもの様子を観察し，見立てをもちます。教員は保護者に SC への相談を勧め，SC は保護者と話し，必要に応じて医療機関の受診について確認します。SC は当該の子どもへの面接も行うかもしれません。小学校に SC が配置されていない場合は学区の中学校の SC に相談することになるでしょう。

②教員の特別支援教育の経験が希薄な場合，または自信がもてない場合

まず，SC に相談するということもあるでしょう。SC は，教員と情報を共有し，できれば授業での当該の子どもの様子を観察したうえで，保護者からSC への相談の実施が必要と判断されれば，SC への相談の目的について教員がどのように保護者に説明したらよいかを SC は助言し，保護者の SC への相談の実現を図ります。

下の事例は，②に相当するケースです。

【Jさん（小学１年・男子）の母親へのカウンセリングの事例】

　入学して３カ月近く経過し，クラスが落ち着いてきた中，Jさんは落ち着きがなく目立っている。学級担任から学区の中学校の SC への相談を勧められ，６月末に中学校に来談。

SC　〇〇小学校１年１組のJさんのお母さんでいらっしゃいますね。

J母　はい，よろしくお願いします。

SC　どういった点でお困りでしょうか。

J母　入学して最初のうちはどの子も落ち着きがなかったんですけど，だんだん落ち着いてきて。でもうちの子は今も落ち着かないって。それでSCの先生に相談してみたら，って勧められました。

SC　落ち着かない状態というのはどういうものでしょうか。

J母　立ち歩いたり，他の子にちょっかいかけたりするらしいんです。

第２章　カウンセリング・支援場面での仕事術

あと，先生の話をきいていないって。

SC　先生からそのような状況をおききになったのはいつでしょうか。

J母　6月半ばくらいでしょうか。Jは学校楽しいって毎日元気に行っていますので，学校でそんなだとは思わず…。

SC　お家ではどうですか。

J母　ひとりっ子なのでケンカするようなことはありません。

SC　宿題はどうでしょうか。

J母　ごはん前に，私が横についてやらせています。

SC　お母さんが横についていると，集中して宿題をできますか。

J母　途中で飽きちゃうこともあるんですが，宿題終わらないとゲームできないよ，って言うと，やります。

SC　ゲームがモチベーションにつながっているんですね。ゲームは1日どのくらいやっていますか。

J母　30分くらいで。週末は2時間やっていいことにしていて。

SC　ゲームのお約束はだいたい守れているんですね。（J母頷く）勉強は楽しんでいますか？

J母　生活科は楽しいって言います。あと，算数も。国語の作文は，苦手です。1年生なので短くていいんですけど，私が言ってやらないと書けない。生活科も探検とか観察は楽しいけど観察日記は嫌がる。文字を書くのも面倒くさいと。

SC　文字，作文が苦手だけど，生活科と算数は好きなんですね。お友だちとの関係はどうでしょうか。

J母　幼稚園から一緒のお子さんで仲いい子が何人かいます。お互い遊びに行ったり来たりして。

SC　授業中に他のお子さんにちょっかいをかけるというのは，どういう状況なんでしょうね。

J母　わかりません。家ではそういうのを見たことないですし。

SC　先生の話をきいていないことがあるということですが，お家で

お母さんが言ったことをきいてなかったことはありますか。

J母　体操服，洗濯かごに入れておいてね，と言ったのに，やっていないとかはあります。

SC　そういう時は，どうされていますか。

J母　仕方ないので，私が袋から出して洗濯します。

　ここまできいて，SCは，家庭と学校の状況が違う，教員ひとりで大勢の子どもに対応する教室とは違い，母親の目が届きやすい家庭ではJさんの問題があらわれにくい，Jさんの問題行動はまわりに刺激が多い状態でそれに誘発されて起きやすくなっている，という仮説をもちます。その仮説を念頭に置いて，以下のことをききとります。

生育歴（出生時，乳幼児期の発達，子育て上の課題・悩み）
同居する家族とその関係。祖父母など親族との関係。
幼稚園時代の様子，幼稚園の先生からのJさんの評価，指摘事項など。

　ききとりの結果，Jさんは興味のあることにはとても集中し，それをやめて切り替えることが難しいこと，興味の向かないことにはなかなかとりかかれないこと，身辺の自立については母親，同居する祖父母が先回りして補助しがちで，Jさんの年齢相応の自立水準に到達していないこと，家庭ではJさん以外は皆大人で，Jさんが欲求を即時的に充足できる状況が多いことなどがわかりました。SCはこのように母親に伝えます。

　Jさんは，好奇心と，好きなことに一所懸命取り組む集中力をもっていますが，関心をもてないことに辛抱強く取り組むことは苦手ですね。ですが，お母さんが横で見ていれば苦手な宿題にも取り組めますから，静かな環境と必要な声かけがあれば，取り組みやすくなるようです。一方，家庭と学校の違いを考えると，学校はまわりに子どもたちが大勢い

て，刺激が多いと言えます。集中力が低下している時に，Jさんはまわりの刺激に影響されて，取り組むべき課題以外の行動をとってしまうのかもしれません。また，常にJさんのそばで声かけができるわけではありません。

　私も一度，Jさんの授業中の様子を見てみたいと思います。どういう時にJさんの「ちょっかい」が出るのか，集中力の様子はどうかを見たいと思います。先生の指示をきいていない，という点は，もしかしたら，集中力が落ちている時は耳から入る情報を理解することが難しいのかもしれません。口頭で伝える指示は，それを言っている人間にJさんが集中しているかを確認することが必要かと思います。学校の先生にもその点をお話ししようと思いますが，お家でも，「Jさん，今から大切なことを言うからきいてね」とか「Jさん，集中！」といったことばでJさんの注意を引き付けてから指示を出すということを試みていただきたいと思います。

　そして，お母さんには定期的に相談に来ていただければと思います。

　カウンセリング後，SCは，学級担任とのコンサルテーションを行い，上記の見立てを伝え，授業中のJさんの様子を観察したい旨も伝えました。

　1カ月後の母親へのカウンセリングまでにSCは小学校を訪問して，1年1組の授業を観察しました（もう1つのクラスも見てほしい，と言われて見学しました）。問題行動の誘因は，学習への関心の低下，それに伴う集中力の低下，近くで注意喚起する（行動修正したり，望ましい行動を鼓舞したりする）役割の教員が遠ざかった時，などであるようです。そこで，SCは後述する「機能的アセスメント」（pp.82-85）を導入することを教員に提案しました。

【第2回　母親へのカウンセリング　夏休み前】
　SC　この1カ月はどのようでしたか。

J母	J，集中！　と言ったら，わりときいてくれるようになりました。サッカーが好きなので，「集中」という言葉が気に入ったみたいです。
SC	よかったです。Jさんのクラスを7月初めに見学させていただき，Jさんの「ちょっかい」がどういう時に出るかを見ました。あまり興味をもてない学習課題の時，だんだんやる気が低下して，そうすると集中力も低下する。そんな時，まわりにJさんの興味を引くようなこと，例えば，親しいお友だちの行動などが目に入った時，立ち歩いてそこに行ってしまったり，ちょっかいを出したりということがありました。先生がJさんの席から離れた時にも起こりやすいようです。
J母	やっぱりそうなんですね（と肩を落とす）。
SC	2学期には，Jさんの「立ち歩き」「ちょっかい」がどういう時に起こりやすいか，それを防ぐにはどうしたらいいか，継続的に検討していきたいと思っています。私が定期的に1年1組に入って様子を見て，担任の先生と一緒に方法を考え，先生に実践していただくのです。そういう方法をとってよいでしょうか。
J母	Jの指導をするということですか。
SC	指導ではなくて，クラス全体とJさんを見て，Jさんの「立ち歩き」等がなぜ起こるのかを分析し，それを防ぐ方法を考えるということです。私は特にJさんに言葉かけはしません。
J母	担任の先生がよいということでしたら。
SC	はい，担任の先生も，お母さんが同意してくださったら，それを始めたいということでした。

　2学期は，「機能的アセスメント」を通じて学級担任・クラスへの支援を行い，母親へのカウンセリングを定期的に行っていきます。医療機関の受診の必要性については様子を見ながら検討することとします。

家族関係の問題をもつ
保護者への対応

　保護者自身が家族関係について悩むケースにしばしば出会います。母親が夫との関係，夫の両親つまり義父母との関係に悩んでいるケースなどです。ただ，相談の主訴は通常，子どもの学校不適応や不登校であり，子どもについての相談として話をきいていくと，その背景にある家族関係の問題もあわせて話されるということが多いです。SC は児童生徒の適応と成長に寄与する立場ですので，子どもを中心において，その子どもが，家庭と学校で安心を感じられること，抱えている問題を解決すること，そして将来への期待と意欲をもつこと，それらを実現するために必要な家庭環境の調整を行うという観点から，保護者の家族関係の悩みに対応すべきだと考えます。家族の問題に踏み込むべきかどうかではなくて，必要な時には，十分配慮しながら家族の問題を扱っていくべきということです。

【Kさん（中学２年・男子）の母親へのカウンセリングの事例】

　１年生の終わり頃から不登校傾向を示すようになった。小学校の時も何度か不登校の時期がある。学級担任から勧められて５月半ばに来談。

| SC | Kさん，１年生の３学期から休みが増えてきましたね。 |
| K母 | はい。３学期から週２，３日休むようになり。２年生になって，もち直したのですけど，また，休みがちになってきました。 |

　SC は欠席した日のKさんはどう過ごしているか，友人関係，学習への意欲などをききます。家族はKさんと父母の３人です。小学校時代も何度か欠

席が続く時期があったことも話されました。欠席時の母親の対応をきくと，母親と父親で考えが違う，ということが話されました。

K母	小学校と違って休むと勉強がわからなくなってしまうんだから行きなさいって言うんです。だけど夫は，もう放っておけ，って。自分で変わらなくちゃと思わないと始まらないからと。
SC	お母さんはそれについてはどうお考えですか。
K母	K自身が気づかなければいけないというのはわかりますが，かといって放っておいて，自然に気づくとは思えないです。
SC	ご主人がそのように考える理由や背景はありますか。
K母	主人も高校の時，不登校だったらしいんです。通信制に転校して，いい先生に出会って，大学に行きたいと思ってがんばったんだそうです。それはいい出会いをしたと思いますけど。
SC	ご主人もKさんが変わらなきゃという自覚をもつことは必要だとお考えですが，「学校に行きなさい」と毎日言うことはそれにはつながらない，と思っておられるのかもしれないですね。何か他の方法があると思っておられるのでしょうか。
K母	言ってることはかっこいいんですが，結局，逃げてるんだと思うんです。子どもと向き合うことから。全然叱りませんし。これまで，しつけは私ばかり。子どもに甘いことばかり言って。
SC	Kさんからすれば，お母さんは厳しい，お父さんは優しい，っていう風に見えているのでしょうか。
K母	そうでもないんです。お父さんは，口ばっかだよね，と言ったりします。自分では何もやらないよねって。
SC	何も，というのは？
K母	家事の分担とかですかね。それと，Kの学校のこともほとんど関心を示しません。仕事が忙しいって。
SC	ご主人の帰宅は何時頃ですか？

K母	早くて9時くらい。遅い時は11時です。Kが小3から小6まで単身赴任だったんです。そんなだから，夫は息子とどう付き合ったらいいのかわからないのかもしれません。
SC	本当にお忙しいですね。4年間一緒に過ごせなかったという点で，おくれをとっているという感覚があるのかもしれませんね。早めに帰られた時は，どんな風に過ごしておられますか。
K母	夕飯の後は，ずっとスマホをいじっています。仕事のメールだとか言ってますが，ゲームをやったり。Kに関わってよ，と言うと，寝室に行ってしまいます。自分は仕事で忙しいんだって言って。私が仕事をしていないからと言って家事と子育ては私任せっていうのは，どうかと思うんです。私も出産前は広告代理店で働いていたんですが，Kがからだが弱くて喘息も出たのでやめたんです。義母から，子どものことを考えてやってくれ，って言われたこともあって。私もKのからだは心配でした。でも，そう言われて納得いかないものもあったんです。
SC	お姑さんはお近くにお住まいですか。
K母	義父母は車で20分くらいのところです。Kが体調を崩した時や小学校で不登校気味だった時で私が家にいられない時はKの面倒を見てもらって助かったんですけど，子育ては母親がするのが当然という考え方があって，そこは私とは違います。
SC	お姑さんとの考えの違いを伝えたことはありますか。
K母	義母にですか？　それはないです。夫には何度か言いましたが，逃げ腰で，耳を傾けてくれません。

　父母間のコミュニケーションの不全，家族関係において母子の関係が密で父親が両者に距離を感じていること，母親が義母との関係に苦慮しその調整に父親は消極的なことが見てとれます。Kさんが幼少期病弱であったため，保護者の先回りがKさんの依存傾向を強化した可能性も考えられます。母親

は職業人としてのキャリアを中断したが，子育ての苦労が父親と母親では平等でないことに不満をもっているようです。そこでSCは以下のように母親に伝えます。

Kさんが幼少期から病弱で，お母さんとしてはご心配をしながら育ててこられましたね。お父さんの協力があまりない中でお姑さんの助けを借りながらがんばってこられたと思います。ただ，心配なあまり，Kさんが困る前に先に手を出すということはなかったでしょうか。

最後の点に関して母親は，思いあたるところがある，と言いました。そこでさらにSCはこのように伝えます。

Kさんの自立の力を少しずつ育てていく必要があると思います。自分で問題を確認して，それをどう解決したらいいのか，考えていく力を身に付けるということです。お父さんが言うように放っておけば育つというものではなく，育てるための方法を考えて実行しないといけないと思います。学校に行くかどうかも，お母さんが毎日きくのではなく，本人に決めさせてはどうでしょうか。例えば1週間単位で，どうするか，と計画を立てさせる。ビジネスで言うPDCAサイクルを進めるのです。
一方，お母さんは，ご主人が子育てに消極的であるともお考えですね。ご主人に父親としての役割を少しずつ果たしてもらえるよう，カウンセリングで考えていきませんか。

この後，継続的に母親へのカウンセリングを行い，家庭内でのKさんの自立促進の方法を試み，父親をKさんの問題にどう関わらせるかを工夫することで父母のコミュニケーション不全を改善することを目指します。また，キャリアをあきらめた無念も受け止めながら，母親がどう生きていくかという人生の課題も話し合っていくことになりました。

14 不登校の子どもに関する協働

pp.28-31のAさんの事例に基づき，教職員との協働を考えてみましょう。

> **【Aさん（中学１年・女子）の事例】**
> 中学校入学後，５月の連休明けから，Aさんは腹痛を訴えての欠席が続くようになった。

相談につながる前のコンサルテーション

　AさんがSCに相談する前のコンサルテーションでは，学級担任の見立てをきき，今後の支援方針の概略を決めます。学級担任の見立てでは，おとなしくて真面目，自己表現は苦手とのことでした。数日ぶりにAさんが登校してきた時に学級担任がSCとの面接を勧め，その日の昼休み，AさんはSCと会うことになりました。

相談後のコンサルテーション

　Aさんとの短いカウンセリングで今後も継続して面接を行っていくことへの約束が成立した後，担任とSCが連携していきたいことも述べて，子どもの了解を得ます。その後，学級担任とのコンサルテーションを行います。
　コンサルテーションの目的は，見立ての共有です。SCが本人と話してみての見立て，学級担任の見立て，小学校からの申し送り事項の内容，他の教

科担当者の観察・見立てなどを総合し，仮説的な見立てを共有します。そしてそれに基づいてどういう支援をするかを緩やかに決めます。SC は以下のように述べました。

> 　Aさんは，小規模の小学校から大きな学校に来て，とまどいがあるのかもしれません。また，小学校の時，学習発表会のような大きな行事の前に腹痛を訴えて欠席することがあったということですから，難しいことに出会うと，腹痛を感じる，それによって困難を回避する，ということが繰り返されてきたのかもしれません。そのあたりが，小児科医の言う「心理的」ということかもしれません。学習面は大きな問題はないようですが，ペア学習のような，自分の意見を言う場面は苦手なのかもしれませんね。
>
> 　対人関係では，嫌と言えない，自分の不満や不服といったマイナスの感情を抑えがちかもしれません。
>
> 　からだの訴えで困難を回避することから，少しずつ自分で工夫して問題を小さくする，または解決することができるようになることが，長期的な目標だと考えます。
>
> 　また，お母さんはAさんのことを案じておられるようです。お母さんとも会ってみたいと思いますが，次回のAさんとの面接でAさん自身の了承を得たいと思います。

その後の連携

　その後，Aさんの欠席が長期化しました。SC の面接予約日には登校してカウンセリングを受けます。SC は母親への面接も継続して行っていきます。

　学級担任は，週に１回程度家庭を訪問して学校で配布される資料などを渡し，相手の負担にならぬ程度に学校の様子を伝えることとしました。

月に１回程度，SCは学級担任とのコンサルテーションを行い，状況を共有しながら支援方針を微調整していきました。そこで話し合われ，実行された支援は以下のようなものです。

---

①Ａさんがイラストを描くのが得意なことを生かして，担任が発行する学級通信にＡさんのイラストを掲載することを提案

　　Ａさんはそれを了承，掲載される絵が次第に大きく変わっていき，SCはＡさんが回復傾向にあるという見立てを行い，学習活動を再開できるのではと示唆しました。

②学習活動再開

　　学級担任が尋ねたところ，学習のおくれを本人も気にしていることがわかったので，訪問した際に，担当教科の社会科を中心として基礎を学習することにしました。また，他の教科の担当者にＡさんの学力に見合う学習プリントを用意してもらい，学級担任が教科の担当者とＡさんをつなぐことにしました。

　SCは，月に２回程度のカウンセリングを継続して，Ａさんの心理的な現状を把握，学校からの様々な提案をどう受け止めているかを確認します。また，不満を抑える傾向があることを共有して，それをどう改善していくかを話し合います。

部分登校開始後の連携

　文化祭にイラストを出品してよい評価を得たことをきっかけとして，美術部に転部することとなりました。放課後登校して美術部に参加するようになりました。

　コンサルテーションでは，放課後登校から昼間の登校の可能性を探り，別室登校を提案することとしました。別室は，１年生フロアの多目的スペース

で既に１名の１年生がそこで学習しています。

　本人が了承し，２学期末から別室登校が開始されました。

２年生進級前後の連携

　２年生進級前に，SC は進級に伴う期待と不安をききます。Aさんは不安はあるものの，進級を機に教室に再参加したいという気持ちが大きくなってきていました。

　新２年生の学年の所属の教員と，新しい学級担任を中心として，Aさんへの対応を共有しました。教室参加しながら，疲れた時の避難所として保健室を利用することとしました。SC は月に２回程度の本人へのカウンセリング，月に１回程度の母親へのカウンセリングを継続していきました。１学期の間は，SC はAさんの学級担任と月に１回程度のコンサルテーションを継続しました。その後，幸いなことにAさんは登校状況がほぼ安定し，「大丈夫と思う」と語ったので，２学期半ばでSC のカウンセリングは終結しました。ただ，母親へのカウンセリングは，学期に１回程度続けていくこととしました。その後は，SC は生徒指導委員会でAさんの状況を確認しました。

卒業までの連携

　３年生になったAさんと SC の関係は，廊下で会えば挨拶する程度のものになりました。高等学校の進学説明会，オープンスクールへの参加，三者面談（学級担任，生徒，保護者）などを経て，進学先を決めていきました。２月に私立の高等学校への合格が決まった後，Aさんは久しぶりに相談室を訪れて，これまでを振り返り，苦手だった自己表現がだいぶできるようになったとの自己評価を行いました。そして高等学校では演劇部に参加したいこと，将来は舞台美術に関連する仕事につきたいことを語りました。SC はAさんの成長を喜び，高等学校合格と卒業を寿ぎました。

15 授業中等の問題行動に 関する協働 ~機能的アセスメント~

pp.68-73のJさんの事例に基づき，教職員との協働を考えてみます。

> 【Jさん（小学1年・男子）の母親へのカウンセリングの事例】
> 　入学して3カ月近く経過し，クラスが落ち着いてきた中，Jさんは落ち着きがなく目立っている。

　Jさんの問題行動は，学校・学級での①立ち歩き，②他児へのちょっかい，③教員の話をきいていない，です。学習面での特徴は，書字，作文が苦手で面倒くさがる，生活科と算数は好き，というものです。母親への面接を行ったうえでのSCの見立ては下記のようなものです。

> ・教員ひとりで大勢の子どもに対応する教室とは違い，母親の目が届きやすい家庭ではJさんの問題があらわれにくい。
> ・Jさんの問題行動はまわりの刺激に誘発されて起きやすい。
> ・Jさんは興味のあることには集中し，それをやめて切り替えることが難しい。一方で興味がもてないことにはなかなかとりかかれない。
> ・年齢相応の自立水準に到達していない。
> ・家庭ではJさんの欲求を即時的に充足できる状況が多く，欲求充足を延期する訓練は乏しい。
> ・聴覚情報処理，特に注意喚起されていない状況でのそれは苦手。

　その後，SCは，学級担任とのコンサルテーションで上記のSCの仮説的

な見立てを伝え，それを確認するため，授業でのJさんの様子を観察したいと伝え，了承を得ました。Jさんの"問題行動"が生起しやすい時間（2時間目の国語の時間）を見学することとしました。

行動観察

　問題行動①〜③がどのような状況で起きるかをSCは観察し，記録しました。授業開始10分，「きょうのめあて」を教員が板書し子どもたちがノートに書く時，Jさんは後ろの席の男子V君にちょっかいをかけました。教員はすぐには気づきませんでしたが，ちょっかいをかけられた児童が「Jさんが！」と言ったので振り向き，「Jさん，前を向きなさい，V君にかまわないで」と注意しました。Jさんは前を向きましたが，机上の消しゴムをいじって書字は進みません。授業はやがて次の書字の作業に移ります。教員が机間巡視を始めると，Jさんは"立ち歩き"を始め，教員が「Jさん，席について」と指示しました。③は授業の中では十分に確認することができませんでした。
　SCは「機能的アセスメント」を取り入れてJさんと学級担任を支援しようと考え，学級担任に提案することにしました。

機能的アセスメント

　機能的アセスメントとは，「問題行動はある結果を得るための機能を果たしていると考え，その機能を推測」することで，その機能をもとに問題行動を減じる手立てを考えることができます。機能的アセスメントについては，p.124で紹介している参考資料を参照していただきたいのですが，ここでは概略を示します。

　1．問題行動の機能
　　問題行動の機能は多くの場合，【注目獲得】【回避】【感覚獲得】【要求】

の4つに分類されます。

2．実施手順

1）対象者と標的行動を決める

　機能的アセスメントを行う「対象者」（児童生徒）とその人の「標的行動」（いわゆる問題行動）を決めます。「離席」「私語」「攻撃行動」「叫ぶ・泣く」といった標的行動は支援の効果が出やすく，「手遊び」「よそ見」といった，目立たず自己刺激的な行動は支援の効果が出にくいようです。

2）機能的アセスメント

　（1）情報収集

　①学級担任に，どんな時に標的行動が出るかを尋ねる。

　②SCが直接観察を行い，記録をとる。

　（2）問題行動の機能を推定

　　　標的行動がどのような状況で生起したか，標的行動の前後において対象児にどのような変化がもたらされたか，に着目し，機能を推定します。【注目獲得】【回避】【感覚獲得】【要求】のいずれに当たるかを考えます（どれにもあてはまらない場合もあります）。

3）支援方法の立案

　支援方法の導き方は，①先行事象操作（望ましい行動を自発させやすい状況を整える），②問題行動と同等の機能を果たす代替行動を教える，③同等の機能を果たす望ましい行動を強化，④望ましくない行動の消去，の4通りがありますが，実行しやすいのは①と②です。

4）学級担任へ支援方法を提案（コンサルテーション）

　機能的アセスメントの結果と支援方法を，学級担任に伝えます。

5）行動観察〜問題行動の生起

　支援後の変化を確かめ，必要に応じて再度，機能的アセスメント，それにもとづく支援方法の修正・提案を行います。

本事例における機能的アセスメントを取り入れた支援

　SC は行動観察及び教員からのききとりを通じて，標的行動の①立ち歩きの機能は困難の「回避」，②他児へのちょっかいは困難の「回避」及び「注目獲得」と見立てました。③教員の話をきいていないについては，その要因は注意を向けられていない，聴覚情報処理が苦手であると見立てました。

　困難の「回避」については，課題の困難度を下げること，すなわち「めあて」の文字数を減らすことを提案しました。そして「めあて」が書けた，すなわち望ましい行動をとることができた時，ほめる（肯定的な注目）ことでそれを強化することも提案しました。それは「注目獲得」にもつながると考えられます。③に関連して，大切な指示事項を伝える時は，子どもたちの注目を集める工夫をすること，聴覚情報だけでなく視覚情報も併用することを提案したところ，学級担任は手をたたいて「注目，注目！」と言い，全員が自分に注目していることを確認する，ルーティンの重要事項については事前に用意した視覚情報を黒板に貼り指示を与えるというアイデアを出しました。

　その後，SC は勤務日の活動に1年生の教室での行動観察を組み入れます。Jさんのクラスだけに注目する不自然さを減じることが目的です。Jさんのクラスでは国語の時間に入り，Jさんの標的行動の生起をさりげなく記録，その結果を3日分まとめて簡単なレポートにして学級担任に提出し，コンサルテーションを行いました。他児へのちょっかい，立ち歩きの標的行動は少しずつ減ってきました。「注目，注目！」というやり方は，全体に効果があり，きき漏らしが減ってきた，と学級担任は言います。Jさんの書字の苦手意識はまだありますが，得意な生活科でよい観察日記を書け，他児からも注目されたことが功を奏して，苦手な国語の書字への意欲が少し上昇しました。

　このような教員支援のサイクルを繰り返し，問題行動が減少した時点でコンサルテーションを終了しました。それと並行して保護者へのカウンセリングを継続し，家庭での取り組みについて助言を行いました。

第2章　カウンセリング・支援場面での仕事術　85

⑯ 支援者支援としての 教員へのカウンセリング

　教員に対してSCは通常，コンサルテーションは行いますが，カウンセリングは行いません。というのは，同僚関係という関係が既にあり，その関係で行うカウンセリングは，多重関係になってしまうからです。

　一方で，東日本大震災の後，支援者支援ということが言われるようになりました。これは，福島県などの被災県では，教員，役場職員などが，震災発生以降，自身も被災しながらも，休むことなく被災者支援・復興支援にあたり，疲弊している状況が明らかになった時に言われました。学校ではSCが支援者支援として教員へのカウンセリングを行う必要も言及されるようになり，実際，多くのSCが教員へのカウンセリングを行いました。私自身も校長から，教員の話をきいてほしい，と言われ，教員全員に対して面接を行った経験があります。

　東日本大震災から10年以上が経ち，そのための疲弊が直接的にあらわれることはなくなったと言ってよいと思います。しかし，多忙，児童生徒の様々な問題行動，難しい保護者・家庭との関係，マスコミからの批判など様々なストレスにさらされているのが，教員です。メンタル面の不調から休職する教員も多いです。そうした状況から，時には，支援者支援としての教員へのカウンセリングを行うことが求められます。

　教員個人がもつ相談のニーズは，児童生徒の指導に関すること，同僚との関係に関すること，自身の家族関係に関することなどが，ないまぜになっているかもしれません。例えば，児童生徒の指導に関して管理職から受ける指導が心の負担になっているというケースがあります。あるいは，受け持つクラスの不登校児童生徒への指導・援助を行いながら，実は自分自身の子ども

も不登校であるというケースもあります。

　教員へのカウンセリングが始まるきっかけの１つは，教員自身が，「実は
ご相談したいことが」とSCにもちかけてくることです。児童生徒への指導
の方針と内容の話をしながら，そこに絡む管理職や同僚との関係についても
言及され，それによってとてもつらい思いをしているということが話される
といったことです。２つ目は，他の教員が見るに見かねてSCに話をきいて
あげてほしい，と依頼する場合です。例えば，ある教員のメンタルヘルスの
不調に気づいた養護教諭や管理職が，本人にSCに話すことを勧め，SCに
も依頼するという場合です。

　いずれの場合も，通常のカウンセリングと同様，真摯に話をききます。あ
る程度のアドバイスができればよいと思います。加えて，継続的な相談が必
要と判断される場合は，学校外の相談機関を紹介しましょう。抑鬱や不眠な
ど，精神的な症状を抱えていると思われる場合は医療機関を，管理職や同僚
のハラスメントに関する相談であれば，自治体が用意しているハラスメント
窓口への相談を勧めます。薬物療法の他にカウンセリングによる支援が必要
であり本人もそれを望んでいるなら，カウンセリングを行っている相談機関
を紹介しましょう。そのためには，SCは地域の利用可能な相談資源をよく
知っておく必要があります。

　教員個人のカウンセリングの内容は，管理職等に報告するべきものではあ
りません。管理職が配慮してカウンセリングを勧めた場合も，カウンセリン
グを行った事実は報告しても，内容は報告しません。別の相談機関の利用を
勧めたという事実も，本人に関する情報ですから，SCから伝えることはあ
りません。本人が管理職に伝える必要がある，伝えたい（例えば，メンタル
ヘルスが不調なので負荷の大きい仕事からは外してほしいという理由で）と
考える場合は，本人自身が伝えるべきでしょう。

　個人的な話をきいた後で，同僚として協働する時，何か協働しにくい感覚
がSCの中にも生じるかもしれませんが，それを切り離して協働の仕事をし
ていくのが，プロフェッショナルです。

スクールカウンセラーの時間割ワークシート

あなたならどう活動しますか？

校種：（　）学校　（　　）時間勤務の場合…　　　時　〜　　時

時間	活動内容	備考

・・・・・ 第3章 ・・・・・

連携場面での仕事術

スクールカウンセラー日誌の作成と回覧

スクールカウンセラー日誌

　日誌は SC の活動の記録であり，公的文書として学校組織内で承認され，保存される性質のものです。回覧されることを前提に作成する必要があります。回覧する対象は，各学校で SC と教員の間で確認し，決定します。

　次の頁に，私が使用している日誌の例を示しました。

　回覧する人用の押印欄（管理職など），時間と支援対象（児童生徒や保護者，教員），支援種別，支援内容，教員コメントの欄を設けています。

　押印欄の教員は，毎回必須で回覧する人たちで，活動内容によっては，学級担任など，この欄に記載されていない教員への回覧も行うのがよいでしょう。回覧方法は，SC コーディネーター（pp.102-103）と相談して決めます。

　支援種別は，県教育委員会に毎月提出する SC の実績調べのカテゴリーを記入します。

　支援内容は，支援対象の言動，SC が行った助言を中心に簡潔に書きます。

　教員コメントは，すぐには活用されないかもしれません。ここにコメントが書かれるようになるということは，SC が信頼を得てよく活用されているということを示すと言えるかもしれません。

　下の欄は，実績調べの文書の作成の手助けになるよう，月ごとの累計を記入するようにしています。その他には，学区内の小学校の相談も入ります。

　なお，詳細な情報共有は日誌上ではなく対面で行うことが適切と考えます。

校長	教頭	生徒指導	養護教諭	特別支援
㊞				

スクールカウンセラー活動日誌　SC：○○

202X 年10月○日（　　）　10時00分　～　16時00分				
SCだより作成。				

時間	支援対象	支援種別	支援内容	教員コメント
業間休み	2-2 ○○	発達障害	授業中の行動について話をききました。	
3限	1-1	その他	社会の授業見学。特に○○さんの様子を観察しました。1学期に比べ，何の作業もしていないという時間は少なくなったようです。	
4限	3-2 △△の母	不登校	この2週間の家での様子をききました。進路調査票をめぐって，母と子で話し合い，母は通信制高校やサポート校の資料を見せて「しっかり考えてほしい」と伝えたとのこと。	

1年		2年		3年		保護者	教員	その他	計
男	女	男	女	男	女				
		1				1		1	3
	1	2				3	2	5	13

② 守秘義務と連携

守秘義務と連携

　SCにとっての守秘義務は，複雑な問題を抱えています。なぜ複雑かというと，守秘義務があると同時に，学校内で教員など他の職種と連携しなければならず，守秘義務と連携は二律背反するからです。

SCの守秘義務

　SCは，地方公務員としての守秘義務を有し，またその資格によっては，公認心理師法が定める守秘義務，臨床心理士としての倫理綱領及び倫理規定が定める守秘義務を有することになります。

　SCは，2019年までは特別職の非常勤職員であり，地方公務員法は適用されませんでしたが，2020年度からは，地方公務員法及び地方自治法の一部を改正する法律の施行に伴い，会計年度任用職員として地方公務員の服務に関する規定が適用されることになりました。したがって，SCは地方公務員法第34条第1項「職員は，職務上知り得た秘密を漏らしてはならない。その職を退いた後も，また，同様とする」と定める守秘義務を有します。

　SCが公認心理師資格をもっていれば，公認心理師法第41条「公認心理師は，正当な理由がなく，その業務に関して知り得た人の秘密を漏らしてはならない。公認心理師でなくなった後においても，同様とする」と定める守秘義務を課せられています。また，民間資格の臨床心理士については，公益財団法

人日本臨床心理士資格認定協会が定める臨床心理士倫理綱領第3条「臨床業務従事中に知り得た事項に関しては，専門家としての判断のもとに必要と認めた以外の内容を他に漏らしてはならない。また，事例や研究の公表に際して特定個人の資料を用いる場合には，来談者の秘密を保護する責任をもたなくてはならない」としています。臨床心理士資格に関わるもう1つの団体である一般社団法人日本臨床心理士会が定める倫理規定では第2条「会員は，会員と対象者との関係は，援助を行う職業的専門家と援助を求める来談者という社会的契約に基づくものであることを自覚し，その関係維持のために以下のことについて留意しなければならない。1 秘密保持 業務上知り得た対象者及び関係者の個人情報及び相談内容については，その内容が自他に危害を加える恐れがある場合又は法による定めがある場合を除き，守秘義務を第一とすること。2 情報開示 個人情報及び相談内容は対象者の同意なしで他者に開示してはならないが，開示せざるを得ない場合については，その条件等を事前に対象者と話し合うよう努めなければならない。また，個人情報及び相談内容が不用意に漏洩されることのないよう，記録の管理保管には最大限の注意を払うこと。(以下略)」と定めています。

守秘義務の例外，連携のための情報共有

上述の公認心理師法，臨床心理士倫理綱領，一般社団法人日本臨床心理士会倫理規定には，守秘義務の例外が言及されています。公認心理師法第41条の例外，すなわち「正当な理由」がある場合とは，「個人情報の保護に関する法律」に基づき，要支援者の命が差し迫った場合や法的な定め（虐待の通報など）がある場合などを指します。臨床心理士倫理綱領は「専門家としての判断をもとに必要と認めた」場合を例外とし，一般社団法人日本臨床心理士会倫理規程は「その内容が自他に危害を加える恐れがある場合又は法による定めがある場合」及び，「対象者の同意」があり，「その条件等を事前に対象者と話し合う」場合，他者への情報開示が可能であるとしています。臨床

心理士倫理綱領は「専門家としての判断のもとに必要と認めた」場合は対象者の同意を必ずしも必要とはしておらず、そこが一般社団法人日本臨床心理士会倫理規定と異なる点です。

公認心理師法は第42条で「公認心理師は、その業務を行うに当たっては、その担当する者に対し、保健医療、福祉、教育等が密接な連携の下で総合的かつ適切に提供されるよう、これらを提供する者その他の関係者等との連携を保たなければならない。2　公認心理師は、その業務を行うに当たって心理に関する支援を要する者に当該支援に係る主治の医師があるときは、その指示を受けなければならない」とし、連携・情報共有の在り方を定めています。

では、生命に関わるような例外的な状況は別として、守秘義務がありながら情報共有を実現するには、どうしたらよいのでしょうか。

原則的には支援対象者の了解を得て連携のための情報共有を行うということになるでしょう。その際、共有されるのは、支援対象者の利益（問題改善や成長、福祉、幸福）の観点から必要な限定的な情報です。そして、そのことを支援対象者に説明します。

ただ、児童生徒が教職員への情報提供を拒むこともあります。思春期の場合は、権威への反発があり、親と教員を同じカテゴリーに考える傾向があるので、特にそのようなことが起きます。

その場合はどうしたらよいでしょうか。大変難しい局面でありますが、SC が非常勤職員である場合は、児童生徒について重要で緊急の事態が起こった時に即応できない可能性があるので、限局的な情報共有についての了解を得る努力、つまり児童生徒にそのことを説明し納得してもらう努力が必要でしょう。

どうしても了解を得られない場合、必要と判断すれば児童生徒の承認を得ずとも SC の判断で、信頼できる教員と情報を共有することは必要ではないかと考えます。そこは、臨床心理士倫理綱領の「専門家としての判断をもとに必要と認めた」場合が該当すると考えます。ただ、公認心理師は法的に義

務を課されており罰則規定もありますから，臨床心理士のみを有する SC とは異なる状況にあります。生命の危険のあるケースではないが，児童生徒の同意がなくても教職員と情報共有できるという根拠がほしいと考えます。以下は，その根拠について考えたいと思います。

医療機関内での個人情報の共有

　医療機関では，その内部における個人情報の共有は，利用者（患者とその保護者）の同意を得ずに行うことが可能です。その根拠は，「医療・介護関係事業者における個人情報の適切な取扱いのためのガイダンス」（2017年 4月通知，2023年 3 月改正）にある「同一事業者内で情報提供する場合は，当該個人データを第三者に提供したことにはならないので，本人の同意を得ずに情報の提供を行うことができる（p.51）」という箇所です。

学校での生徒等に関する個人情報の共有 ～集団守秘義務という考え方～

　学校はどうでしょうか。文部科学省の「学校における生徒等に関する個人情報の適正な取扱いを確保するために事業者が講ずべき措置に関する指針」（2005年より適用）は，「（一）生徒等に関する個人データを取り扱う従業者及びその権限を明確にした上で，その業務を行わせること。（二）生徒等に関する個人データは，その取扱いについての権限を与えられた者のみが業務の遂行上必要な限りにおいて取り扱うこと」としています。「その取扱いについての権限を与えられた」教職員は，「業務の遂行上必要な限りにおいて」生徒の同意を得ずに情報共有できると理解できます。

　「その取扱いについての権限を与えられた」構成員が生徒の同意を得ず生徒に関する情報を共有することができると考えるのが，「集団守秘義務」という考え方です。2010年度版の文部科学省『生徒指導提要』は，「教育相談やスクールカウンセリングにおいて守秘義務が問題になることがあります。

大切なことは，学校における相談活動の守秘義務と病院やクリニックなど治療機関における守秘義務では一部異なる部分があるということです。学校では一人の児童生徒に複数の教員が関わります。それゆえ守秘義務を盾に教育的かかわりの内容や児童生徒についての情報が閉じられてしまうと，学校としての働きかけに矛盾や混乱が生じてしまい，結果的に児童生徒やその保護者を混乱に巻き込むことになりかねません。学校における守秘義務は，情報を『校外に洩らさない』という意味にとらえるべきです」と述べ，学校における守秘義務は「組織内守秘義務」「集団守秘義務」とするべきという考えを示しています。しかしこの提要が作られたのは，公認心理師法制定前のことでしたから，学校の教職員の中に公認心理師は存在しませんでした。公認心理師法制定後の2022年につくられた『生徒指導提要（改訂版）』も「集団守秘義務」に言及していますが，説明は簡略化されています。第1章　生徒指導の基礎　1.3.4　チーム支援による組織的対応　（2）チーム支援の留意点において，「②守秘義務と説明責任　参加するメンバーは，個人情報を含めチーム支援において知り得た情報を守秘しなければなりません。チーム内守秘義務（集団守秘義務）が重要です」と書かれるにとどまっています。

　弁護士の神内聡氏は，神内（2021）の中で「公認心理師を有する者がスクールカウンセラーを担当する場合は集団守秘義務との整合性が法的に問題になり得る」という問題提起を行い，その考察の中で「公認心理師は他の専門職には見られないような，『連携義務』という特殊な法令上の義務を負っている」ことに触れ，「連携義務の範囲内で守秘義務が生じると解するならば，『チーム学校』を機能させるために必要な範囲での情報共有は守秘義務に違反しないことになろう」という見解を述べています。この点について文部科学省からの見解を求めたいところです。

推定的承認と「外部性」

　私が福島県臨床心理士会のスクールカウンセリング委員長として，「公認

心理師法のもとでのスクールカウンセリング」と題する研修会（2019年12月）を企画・運営した際，講師として講演を行った弁護士の倉持惠氏は「守秘義務」に言及し，病院のスタッフ，学校の教員スタッフには，「推定的承認」が成立し得るので，機関の利用者である患者，児童生徒に対して，いちいち承認を得ずとも治療や教育指導に必要な情報共有を行うことができるが，SC が「外部性」を有する職員とみなされるなら，その推定的承認の集団の中に含まれるとは考えにくいという考えを述べました。

　「外部性」については「チームとしての学校」（pp.18-19）で取り上げ，「外部性」に頼らない「専門性」を磨くべきと述べました。集団守秘をスクールカウンセリングのルールとすることを考えると，より一層，「外部性」を標榜せず，学校組織の一員という位置づけで活動することが必要だと考えます。

【引用文献】
・神内聡「『チームとしての学校』の理念が抱える法的問題の検討－養護教諭の法的責任とスクールカウンセラーの守秘義務に関して－」『兵庫教育大学研究紀要』第58巻，pp.47-55，兵庫教育大学，2021年.

③ インテーク面接の進め方

インテーク面接とは

　心理支援を行っていくにあたっての初回面接を，インテーク面接，受理面接または初回面接と言います。

　要支援者が何に困っており，その背景に何があるのか，それを改善するにはどうすればよいかと判断すること，すなわちアセスメントがインテーク面接の第1の目的です。アセスメントの結果，継続的なカウンセリングが適切と判断されれば，それを提案し，相手の同意を得られたら，継続面接のプラン（頻度，1回の時間など）について決めます。アセスメントを伝えることが要支援者にとっての助言となり，それで問題解決につながるということもありますから，その場合は1回限りの面接ということになるでしょう。その場合も，必要な時は申し込むように伝えておきます。

インテーク面接におけるアセスメント

要支援者について

・来談の経緯（自主来談，教員の勧め，保護者の勧めなど）。

・何に困っているか。（一番重要）

・困りごとがいつどのように生じたか，そのきっかけは何か。

・困りごとが発生した時，要支援者はどう感じ，どう行動したか。

- ・その時，家族など近い関係者の態度はどうだったか。
- ・要支援者はどうなりたいと思っているか。
- ・性格，知的機能，感情表出の在り方，コミュニケーション能力，対人関係のもち方。

これらは困りごとの背景，要因をアセスメントするために役立ちます。

カウンセリング等の心理支援への態度（積極的にカウンセリングを受けたいか，教員や保護者に勧められてしぶしぶやってきたか，カウンセリングは受けたいが恥ずかしいことと思っていて他の人に知られたくない，など）もアセスメントの対象になります。

今後の方針・方法の提案～同意

インテーク面接は，SC からアセスメントをわかりやすい言葉で伝え，それに基づく支援方針・方法を提案し，それへの同意を要支援者から得たところで終わります。

先に述べたように1回だけの面接で終わることもあります。要支援者が話をしてすっきりしたという場合，保護者へのインテーク面接で助言を提供しただけで終わるという場合などが考えられます。SC が要支援者のニーズにうまく沿うことができず，継続的な面接へのモチベーションを形成できない場合もあります。

継続的な面接への同意が得られたら，次回の予約を決めます。保護者の場合は，仕事の都合もあるので，後日学級担任等に予約日時の報告をしてもらうこともあります。

今後の支援のプロセスにおいて，学級担任等，教員と SC の間で情報共有を行っていくことも伝えておくとよいでしょう。

コンサルテーションの進め方

コンサルテーションとは

　コンサルテーションとは，専門家が別の種類の専門家に助言を行うことで，助言を行う人をコンサルタント，助言を受ける人をコンサルティと呼びます。教員を対象とするコンサルテーションでは，SC が心理の専門家としてコンサルタントに，教育の専門家である教員がコンサルティとなります。

　コンサルテーションの目的は，要支援の児童生徒や保護者・家庭について，教員の見立てをきき，コンサルタントの見立てを提供して，要支援者への支援の方針と方法を決定することです。SC はコンサルタントであると同時に，支援者でもありますので，要支援者に対する支援を継続して行っていくことも多いです。その場合は，コンサルテーションは，SC 自身の関わりの報告，情報共有という側面をもつことになります。SC は，コンサルテーションでの関わりを通じて随時更新していく見立てを教員に伝えていきます。

コンサルテーションの進め方

　教員が初めてコンサルテーションを受ける場合は，その教員が自発的にSC のもとを訪れる場合もあれば，学年主任，管理職，教育相談委員会のチーフ，SC コーディネーターなどに「SC に相談してみたら」と勧められて来談する場合もあります。

　教員自身がその児童生徒の何が問題・課題と感じているのか，その問題・

課題の経緯はどうか，教員自身及び学年などの組織としてどのように対応しようとしているのか，またはしてきたのか，をききとります。それらの話をきいて SC は暫定的な見立てを伝えます。明確なことを言えないでしょうから暫定であることを伝え，まずは何らかの関わりを行いたいということを言うでしょう。教員の方も，SC に求めることがあるはずです。例えば，児童生徒本人への面接，保護者への面接などです。その場合，それを実行するための計画を策定します。児童生徒または保護者にカウンセリングを誰がどのように勧めるのか（既に勧めている場合もある），カウンセリングをいつ行うか，などです。

　カウンセリングだけでなく，児童生徒の授業等での行動を観察することを求められることもありますし，SC からそれを提案することもあります。児童生徒の行動観察，児童生徒への面接，保護者への面接などすべてを組み合わせることもあるでしょう。逆に SC が直接の関わりはしない（できない）場合，教員と教員組織が行う支援についてきき，助言を行うということもあり得ます。

　SC の支援が始まったら，その支援後にコンサルテーションを行います。これは SC の関わりが続く限り，あるいはその児童生徒の問題が解決するまで行い続けるべきです。ただ，教員，SC 双方の時間のやりくりのもとに行われるので，その機会のもち方は様々な形式が考えられます。相談室を教員が訪ねて比較的長い時間での面接を行う場合もあれば，職員室での短時間のやりとりもあります。そして対面して話す時間がもてない場合は，簡単なメモを残したうえで時間のとれる時に対面で話すということも考えられます。

　週に1回程度の勤務の SC は，毎日関わる教員すべてとやりとりすることは難しいですが，勤務日には上述のいずれかの方法で，教員とコンタクトをとっておきたいところです。対面でのコンサルテーションの時間設定については，SC コーディネーター（pp.102-103）の教員に調整を依頼するとよいでしょう。

5 SC コーディネーターとの連携

SC コーディネーターとは

　非常勤 SC の活動には，コーディネート役が欠かせません。その役割を担う教員を SC コーディネーターと呼びたいと思います。SC コーディネーターは，教頭，養護教諭，教育相談係等が担当することが多いようですが，担当者が置かれていないこともあります。担当者が置かれていない場合，SC はその重要性を学校側に伝え，担当者を置くように要請する必要があります。

SC コーディネーターの仕事

　SC コーディネーターの仕事内容として，次のようなものが考えられます。

●スケジュールの調整・管理

　SC の 1 日の活動予定を組み，調整します。SC 自身が予定を決める場合もありますが，勤務していない日に保護者からの相談申し込みなどの予定が入ることもありますから，予定管理は常勤職によって行われ，かつ一元管理される必要があります。また，SC が学級担任とコンサルテーションを行いたいと考えている時に，学級担任の授業予定などを見てコンサルテーションの時間を調整することもコーディネーターに期待したいです。「○○先生と生徒のことで話をしたいので，時間調整をお願いできますか」と SC コーディネーターに伝えます。

●ケース会・研修会の開催の企画や運営

　ケースによっては，関係者を集めてのケース会議が有効です。SC コーディネーターが教育相談委員会のチーフや特別支援教育コーディネーターなどと連携してケース会議を企画し，SC への参加を要請することができるでしょう。また，現職研修主任と連携して SC を講師とする校内研修を企画することもできるでしょう。

● SC による支援が必要な児童生徒の把握

　SC コーディネーターは，自身が担任する学級，所属する学年だけでなく，全校の児童生徒を見渡して SC による支援につなげることが適切と思われるケースを把握することに努めるべきだと考えます。その把握のために，SC コーディネーターは生徒指導委員会，教育相談委員会に参加することが必須でしょう。そして支援が必要なケースについて情報をまとめ，必要に応じて学級担任や児童生徒本人への簡単なききとりを行ったり SC の面接を受けることを勧めたりということも考えられます。

● SC と教職員の橋渡し役

　SC が勤務していない時の児童生徒の様子について情報収集し，必要な事柄を SC に伝え，SC が欠席した生徒に関する会議（生徒指導委員会等）についての情報も SC に伝えます。SC の交代がある際，前任の SC がまとめた引継ぎ文書を後任の SC に確実に伝えることも期待されます。

　SC コーディネーターに求められる特質，役割をまとめると以下のようになります。学校の特徴，課題をよく知り（アセスメント），また，学校内，学校外の支援資源についても把握しています。そして常に学校にいる人たち（常勤の教職員，児童生徒）と時々学校に来る SC をつなぐ橋渡しの役割を果たします。

　SC コーディネーターとなる教員と SC コーディネーターの役割について確認・共有できるとよいでしょう。

⑥ スクールカウンセラーの スケジューリング

1日のスケジュールをどう組むか

　SC は，言わば個人商店です。学校という大規模スーパーの中にあって，毎日は開店していない個人商店です。ですから SC 自身の経営，マネジメントが重要なのです。

　カウンセリング等の予約は，SC コーディネーターに頼るところが大きいのですが，SC 自身も自分の考えでスケジュールを組むことが必要です。SC の研修会などで「コーディネーターがぎっしり予約を入れてくれるのはありがたいが大変で，記録を書く時間がとれない。サービス残業をしている」という話をたびたび聞きます。これは個人商店主として，マネジメントがうまくできていないということです。

　1日のスケジュールは，例えば次の頁に示した表に記入していくことでつくっていきます。記入するのは，基本的に SC 自身と SC コーディネーターです。学級担任等が予約をとりたい時は，SC コーディネーターにスケジュールの空きを確認してもらい，予約を記入してもらいます。

　SC 自身が記入するのは，継続的なカウンセリングで次回予約をクライエントと SC の間で決めた時です。その他，書いておくとよいのは，資料整理や教員との情報共有の時間です。例えば，勤務終了前の30分は，必ず資料整理をする，というように，あらかじめ書き入れておくのです。そうすれば「記録を書く時間がない」問題を解決することができます。もし保護者の都合でどうしても遅い時間にカウンセリングを入れてほしい，というような依

頼があったら，そこは臨機応変に対応しましょう。

　SCの活動はカウンセリングのみでなく，カウンセリングには教員との情報共有・コンサルテーションがつきものであることを，教員に理解してもらいましょう。そのために，SCコーディネーターにコンサルテーションの時間をとってほしいと依頼し，SCコーディネーターが当該の学級担任等と話して空き時間にコンサルテーションを予約してもらうとよいのです。スケジュールの中に，「カウンセリング」だけでなく「資料整理」や「２−１担任コンサル」といった用語が並ぶ，それをSCコーディネーターやその他の教員が見ることで，SCの活動の全体像への理解を深めることができます。

1日のスケジュール例

	5月12日	5月19日	5月26日	6月2日
10時〜	3−3 石井Tコンサル			
2校時	2−1 山田陽子	1−5 数学見学		
業間	1−5 相島直人			
3校時	生徒指導委員会	生徒指導委員会	生徒指導委員会	生徒指導委員会
業間				
4校時	1−3 高山守の母	2−1 鈴木朋美		
給食		保健室登校の生徒と		
昼休み	1−3 Q−Uフォロー	2−1 山本昌彦	1−4 Q−Uフォロー	
5校時		知的障害児学級見学		
業間				
6校時	学区内A小訪問ケース会議			資料整理 (15時〜15時45分) 2−3 佐々木卓の父
15時半〜16時	資料整理	資料整理	資料整理	

7 スクールソーシャルワーカーとの連携

スクールソーシャルワーカー（SSW）とは

　2017年に文部科学省が行った「教育相談等に関する調査研究協力者会議」は，スクールソーシャルワーカー（以下 SSW）について「不登校，いじめなどの児童生徒の問題行動等の背景には，児童生徒の心の問題とともに，家庭，友人関係，学校，地域など児童生徒の置かれている環境の問題もあり，児童生徒の心と環境の問題が複雑に絡み合っている。そのため，児童生徒の心に働き掛けるカウンセラーのほかに，児童生徒の置かれている環境に働き掛けて子供の状態を改善するため，学校と関係機関をつなぐソーシャルワークを充実させることが必要である」と述べています。2008年度，「スクールソーシャルワーカー活用事業」が創設され，都道府県・政令指定都市・中核市を対象とする補助事業が開始され，SSW が派遣されるようになりました。また，2016年の「スクールソーシャルワーカー活用事業実施要領」の一部改正により，SSW は「社会福祉士や精神保健福祉士等の福祉に関する専門的な資格を有する者」から選考されることになりました。

　SSW の配置は，①単独校方式（SSW が配置された学校のみを担当するもの），②拠点校方式（SSW が拠点となる学校に配置され，併せて近隣校を対象校として担当するもの），③派遣方式（SSW が教育委員会に配置され，学校からの要請に応じて派遣するもの），④巡回方式（SSW が教育委員会に配置され，複数校を定期的に巡回するもの）などとなっているため，SC が勤務する学校の自治体によって SSW の配置は異なります。SSW とコンタクト

をとることが多い SC もいれば，ほとんど会うチャンスがないということもあるでしょう。

SC と SSW の連携

SC の支援対象が SSW の支援も受けている場合は，明確な役割分担を確認したうえで，SSW との情報共有をすることが必要です。学校側が SC と SSW の使い分けについての方針を固めていない場合もあるので，その点をある程度明確にできるように，学校と話し合っておく必要があるでしょう。

SC と SSW の役割分担について明確にするためにも，SC と SSW の話し合いにて生徒指導主事や教頭に入ってもらう等，チームとして関わる方がよいことが多いと思われます。

SC と SSW の役割分担の例として，精神疾患を抱える保護者に両者が関わる場合で，障害者手帳など社会的リソース情報の提供は SSW が行い，SC は日常の保護者のストレスを中心に受け止め，気持ちをきく機会を設けるというように分担して連携することが考えられます。

ただ，話し合いをしたいと考えても，SC と SSW はどちらも非常勤職員であることが多いため，勤務日が重ならず，ケースの話し合いができない場合もあります。とすれば，年度初めに SC，SSW のそれぞれが勤務計画を共有し，年度中に 1 度でも 2 度でも，話し合う機会をもつことのできる時間を決めておけばよいのではないかと思います。たとえ，その時に協働するケースはなかったとしても，知り合いになっておくことはその後協働する時に役に立つはずです。

【引用文献】
・文部科学省・教育相談等に関する調査研究協力者会議「児童生徒の教育相談の充実について
　～学校の教育力を高める組織的な教育相談体制づくり～（報告）」，2017年.

8 学校外関係機関との連携

　学校は，児童生徒・家庭の支援に関して，学校外関係機関との連携を必要とする場合があります。そのような学校外関係機関との連携にSCも加わることがあります。どのようなケースがあるか，いくつか具体例を挙げます。

児童虐待と学校

　児童虐待は，身体的虐待，性的虐待，ネグレクト，心理的虐待に分けられます。ここでの児童は18歳未満を意味します。性的虐待は子どもへの性的行為だけでなく，性的行為を見せる，ポルノグラフィの被写体にすることも該当します。ネグレクトは，家に閉じ込める，食事を与えない，ひどく不潔にする，自動車の中に放置する，重い病気になっても病院に連れて行かないなどです。心理的虐待には，子どもの目の前で家族に対して暴力をふるうこと（面前DV）も入ります。

　学校は子どもの虐待を発見する可能性が高い場所です。学校や教職員に求められる主な役割は，①虐待の早期発見に努めること（努力義務），②虐待を受けたと思われる子供について，市町村（虐待対応担当課）や児童相談所等へ通告すること（義務），③虐待の予防・防止や虐待を受けた子供の保護・自立支援に関し，関係機関への協力を行うこと（努力義務），④虐待防止のための子供等への教育に努めること（努力義務）と「学校・教育委員会等向け虐待対応の手引き」に記されています。学校が虐待の可能性を認知した時，チームとしての早期対応が求められ，そのチームにSC及びSSWが参加することが期待されます。

通告後，児童相談所の一時保護を経て施設入所する場合もありますが，一時保護解除後，在宅支援に移行することもあります。後者の場合は，子どもが安心して登校できるように，学校は児童相談所と十分な情報共有を行ったうえで，校内チームでの共通理解を図り見守っていく必要があります。SCはここでもチームへの参加が期待されます。虐待の通告がなされた後や一時保護解除後などに継続して子どもと家庭に関わっていく必要がある場合は，その子どもと家庭は要保護児童対策地域協議会の進行管理台帳に登録され，定期的な会議が行われます。学校関係者もこの協議会の個別ケース会議への参加が求められることがあり，SC も参加することがあります。

医療との連携

発達障害，精神障害など，またはその疑いのある児童生徒が医療のケアを受ける場合，学校と医療機関との連携は重要です。保護者の同意を得て情報共有することは学校にとっても医療機関にとっても益となります。SC が公認心理師であれば主治医の指示を受ける義務もあります。学級担任が医療機関に向けて，学校での子どもの様子を記したレポートを作成する際に SC の観点（関わりと見立て）をあわせて記すことができればよいと思います。

その他

少年非行の場合は警察，児童相談所，要保護児童対策地域協議会等との連携がなされます。

高等学校の場合は，発達障害などをもつ生徒の就労に関して，就労移行支援事業所と連携することも考えられます。

【参考文献】
・文部科学省「学校・教育委員会等向け虐待対応の手引き・本体（令和2年6月改訂版）」2020年.

⑨ 校内ケース会議

　特に支援を必要とする児童生徒について，学校はケース会議を設けます。管理職，特別支援教育コーディネーター，生徒指導主事，教育相談委員会のチーフなどが招集されます。SC が会議に参加する際には，自身の関わりをもとにアセスメントを伝え，関わりがない場合は会議の情報をもとに心理職としての助言を行うことが期待されます。以下に，私自身が SC として経験したケース会議について，プライバシーの保護に留意しながら紹介します。

支援対象：Lさん（中学 2 年・女子）

問題行動：1 年生の時は問題はなかったが，2 年生に進級してから教室離脱が始まり，教室に入るよう指導する教員（特に学級担任）に対して反発し，入ろうとしない。

事例の経過：1 学期末，生徒指導主事の招集により，ケース会議を開催した。教室離脱の際，学年教員以外も含めた複数の教職員による対応が必要なため開催された。学級担任，養護教諭，校長，教頭，生徒指導主事，SC が参加した。SC は，Lさんとの数回の面接を通じて，Lさんの教員への反発の裏には，承認欲求が隠れているというアセスメントを伝え，承認欲求をうまく満たしながら学級・学校への適応を徐々に改善していくことを提案した。会議では以下の方針を決定した。①離脱時に教室への入室を強制しない，②教室に入らない時の居場所（保健室）を作る，③教室外の居場所で取り組む学習課題を与える，④短期的解決を焦らず，卒業時の望ましいイメージを描いて長期的に

関わる，⑤ケース会議を今後も行う。④は SC の提案による。困難な事例ですぐに成果が上がると思われなかったので，教職員が辛抱強く成果を焦らず関わることが必要だと考えたためである。

　学級担任への反発が強いため，Lさんが依存的な態度を示していた養護教諭が教育支援の中心的役割を担った。保健室を居場所とし，教室参加を奨励した。週ごとに本人に教室参加の目標を立てさせ週末に成果を振り返った。シールを使ったトークンエコノミーも導入した。

　SC は本人への面接を継続するとともに，養護教諭に対して継続的にコンサルテーションを行い，サポートした。Lさんの教室参加の状況は一進一退であったので，焦りを表明する養護教諭に対して，その都度振り返りを行い，養護教諭のサポートの成果をフィードバックし，今後のさらなる工夫について助言した。

第2回ケース会議：2学期半ば，学級担任が招集し，第1回と同じメンバーで行った。学級担任が統括役になり教科別のメニューを作成し，本人に手渡し，保健室で取り組ませる方針になった。修学旅行（3年時初め）への参加意欲が高く，それを適応改善のきっかけとした。

　2学期から3学期にかけての取り組みを通じて，Lさんは次第に学級担任に心を開くようになり，教育支援の中心的役割は徐々に養護教諭から学級担任に移行していった。その後，修学旅行への参加を機に，学級での適応は改善し，高等学校に合格，卒業を迎えた。

　第1回ケース会議で SC が予測したよりは，Lさんの適応の改善が早かったことは，うれしい誤算でしたが，ケース会議でやや長期的な展望をもつことを示唆したことは，このケースに組織で取り組むうえで重要なことだったと思います。SC の本人への面接は，Lさんの教員や家族に対する感情，興味のあることなどをきいて，Lさんの現在地を確認することをメインとしていました。本ケースにおける SC の役割は，主に，ケース会議でのアセスメントと方針の提案，養護教諭に対するサポートでした。

⑩ 学校の危機 ～緊急支援～

　心理の専門家には学校の緊急事態への対応を求められることがあります。都道府県によっては，学校の緊急事態に対応して派遣されるカウンセラー制度を置いているところがあります。福島県の場合について，説明します。

福島県緊急時カウンセラー派遣事業

　福島県緊急時カウンセラー派遣事業は，学校に関わる緊急事態発生時に臨床心理士を派遣する制度です。緊急時派遣カウンセラー（以下，緊急カウンセラー）の委嘱を受けた福島県臨床心理士会会員が派遣されます。緊急カウンセラーは，児童生徒，教職員や保護者等の学校関係者に対する心理教育・助言，カウンセリング等を行い，児童生徒がPTSD（心的外傷後ストレス障害）等にならないように心の回復を支援します。派遣対象は，学校内外において，何らかの衝撃的な事件・事故などが発生し，児童生徒の心理に重大な影響があると考えらえる場合です。具体的には，児童生徒の自死（未遂を含む），児童生徒が事件・事故に巻き込まれる，教職員の不祥事，自然災害などです。活動は児童生徒の心の危機への初期対応に特化したもので3日間を原則としています。

緊急カウンセラーの活動とSCとの連携

　緊急カウンセラーは原則的に2名以上のチームで学校に入ります。管理職等と打ち合わせを行い，およそ3日間の活動の計画を立てます。一般的な活

動プロセスを示します。教職員からのききとりと児童生徒への事前アンケート調査を通じて，衝撃が大きく心理支援を必要とすると考えられる児童生徒等をピックアップし，個別のカウンセリングの計画を立て，進めていきます。また，児童生徒集団，教職員集団などを対象に「心理教育」を行います。衝撃的な出来事を経験した時の心身の通常の反応と，それが時間の経過とともに軽快することを伝えたうえで，反応が続く場合や不安・心配がある場合は，緊急カウンセラーに相談するように勧めます。児童生徒には学級等に入って説明し，教職員には職員室で話します。学校の求めに応じて保護者対象の説明会で心理学的知見から話をすることもあります。

　福島県の制度では，SC は学校組織の一員として支援の対象とみなされます。SC は事件・事故に巻き込まれた児童生徒と関わりをもっていることも多く，事件・事故に衝撃を受け，平静でいることが難しい場合もあります。派遣期間中に SC が勤務する場合は，緊急支援チームは SC と話をし，SC から児童生徒等に関する情報をきくとともに，SC への心理的サポートも行います。緊急支援チームのカウンセリングには SC は加わらないで交通整理的な役割をしてもらいます。派遣中の活動を通じてのアセスメント，中長期的な支援の必要な児童生徒ならびに教職員について SC に伝達します。派遣期間中に SC の勤務がない場合は，養護教諭等，橋渡し役を担う教職員を介して，アセスメントと今後の方針・提案を伝えます。

　私は，福島県臨床心理士会のスクールカウンセリング委員長として SC 研修会を企画・運営する中で，何度か緊急支援をテーマとする研修会を行ってきました。派遣を受ける側の経験のある SC の声の中に，緊急支援チームのカウンセリングに加わらないことで無力感を感じたという声，また，あまりにも衝撃が大きく中長期的な支援へと気持ちを切り替えることが難しかったという声がありました。緊急支援チームはそのような SC の感情にも配慮する必要があると考えます。

不適応予防・発達促進的活動
～教員と協働する授業～

　SC の活動は，問題が生じた後の事後支援が多いですが，不適応予防の活動にも力を入れていきたいものです。子どもたちの発達を促進する積極的な支援は，実は不適応予防につながるものでもあります。

　そのような活動は，授業中か，朝の短い時間を活用するかのどちらかで行われることが多いです。授業時間として行う場合は，道徳，学活などが考えられます。どの活動も学級担任と協働し，ティームティーチング（TT）として行うのがよいと思われます。不適応予防・発達促進的活動の方法は，心理教育，関係づくりのグループワークなどです。ただ，こうした授業が効果を生むためにはある程度の回数が必要です。授業の運営上，提供される授業時間数に限りがあると思われます。朝の活動時での活用なら，複数回行うことができるかもしれません。ただし，その時は臨時に勤務開始を早める必要があるでしょう。回数の少ない授業であっても SC の存在を知り，困った時に相談を申し込むことができれば，実践を行う意義があると言えます。

心理教育

　心理教育の1つとして，思春期の心身の発達についての学習が考えられます。私は，福島大学附属中学校の2年生を対象に「人間の心の育ち」について考える授業を行ったことがあります。「心とは何か」を考えさせた後，心の発達年表を示し，乳幼児期から老年期までの自我発達について説明しました（50分×2回）。思春期についての説明のところで「中学生になって何か変わったと思わない？」と問いを投げかけると，「お母さんに勉強って言わ

れると，なんか知らないけどムカッとくる」という発言があり，そのまわり
で頷いたり「そうそう」という声が上がったりました。授業の感想には「乳
児期と思春期が似ているというのは，わかる気がする」「話をきいて反抗す
ることも大切だと思えた」というものがあり，生徒が同輩との共通性を見出
し，かつ，反抗の発達上の意味に触れ，時間的な理解を示したことが伺えま
した。

　コロナ禍の中では，様々な行動や活動が制限されてストレスがたまること
が多いので，ストレスコーピングについての心理教育や，緊急時の身体の反
応についての心理教育を行った例をまわりの SC からはよく聞きました。

関係づくりのグループワーク

　構成的グループエンカウンター（SGE），ソーシャルスキルトレーニング
（SST），アサーショントレーニング（AT）などを取り入れたグループワー
クを行うことができるでしょう。そのために，まず，学級担任とクラス集団
のアセスメントを行い，クラスの相互リレーションがどうか，どのようなス
キルを育てることが必要かを吟味して，それに合うエクササイズを考えます。
エクササイズ集はたくさん出版されているので参考にしましょう。いずれの
場合も，授業の最初にウォーミングアップ（アイスブレイキング）を行うこ
と，授業の最後には振り返りの作業（感想を書かせるなど）をし，時間があ
れば何人かに発表させるというシェアリングの時間をもつこと，そしてこの
授業の後に学級担任にクラスの様子を観察してもらい，クラスのリレーショ
ンや，スキルがどう発展していくかを確認することが必要です。振り返りの
感想等を見て，相談のニーズをもっていると判断された場合は，学級担任か
ら児童生徒へ SC との面接を勧めてもらうことも有用です。

12 教職員研修会への参加

　現職の研修担当の教員と協力して，教職員研修会に講師として参加することもあります。研修会のテーマは，その学校の教員のニーズに合わせて，現職の研修担当の教員と話し合って決めることになるでしょう。学校の中の研修だけでなく，中学校や学区内の小学校と中学校が共同開催する研修会（例えば，養護教諭の研修会，生徒指導担当者の研修会など）もあり，そうした機会の講師を依頼される場合もあります。

　この項では，いくつかのテーマを挙げてみます。

発達障害の理解と対応

　このテーマについての研修のニーズは高いです。発達障害の概念はそれが依拠する診断基準（世界保健機構 WHO の ICD なのかアメリカ精神医学会 APA の DSM なのか）によっても違いますし，時代とともにそれぞれの診断マニュアルも改訂されてきています。研修会ではそうした細かいカテゴリーの違いを講義するよりは，学校で出会う発達障害が背景にあるかもしれない行動等を挙げ，それらにどう対応することが望ましいか，という話の方が，実際的ではないかと思います。

　その学校に，特別支援学級担任などで特別支援教育の経験が豊かな教員がいるならば，現職研修担当者，特別支援学級担任と協働して研修会の講師を務めることができるでしょう。またそうした協働が，その後の SC の活動をよりスムーズに行うことにつながるかもしれません。

不登校の理解と対応

　今や，学校の抱える児童生徒の二大問題は，発達障害と不登校です。現在の不登校の発生率からすれば，どの学級担任もクラスに不登校の児童生徒を抱えることになります。

　不登校について講義するとすれば，私ならば，不登校の要因（学力・知能，対人関係，家族関係）について話したうえで，不登校の法律（義務教育の段階における普通教育に相当する教育の機会の確保等に関する法律）について触れて，不登校の児童生徒の指導・援助は将来の社会的自立を念頭に行うべきものであるということ，そこに到達するためにどのようなルートがその児童生徒にとって適切かという観点で指導・援助する必要があるということを伝えるでしょう。社会的自立には対人関係の力，学力，自身の将来を考える力が必要で，そのために当該の学校段階で何をするか，何ができるか，当該の学校を修了した後どのように進路につなげることができるか，等を考えたいという話をします。

　そうした講義とあわせて，事例検討会が開催できるとよいと思います。複数の教員が関わっているケース，対応困難なケースについて全教員で考える機会をもつ，あるいは既に解決したケースについて討議することも意義があります。学校はいくつもの問題が起こり，何かを解決したらまた次の問題が起こります。解決した問題をゆっくり考える時間も，そういう態度も少ないと思いますが，解決した問題について振り返って何がよかったのか，よりよい方法はなかったかと考えることは，今後出会う問題への対応に役立つと思われますし，困難な事例に対応してきた教職員を相互にねぎらう機会ともなります。心理職にとって事例検討は生涯，大切な訓練の機会です。事例研究という心理職の文化を学校に伝える絶好の機会ともなります。事例検討ではSC は助言者としてのコメントを求められるでしょうが，あくまで協働・対等の立場を大切にしてコメントすることを心がけましょう。

スクールカウンセラーの研修会・勉強会

SC はひとり職であるがゆえに，孤立したり，心細く感じたり，また逆に独りよがりな考えに陥ったりする危険もあります。ですから，研修会や勉強会に参加することはとても大切なことです。臨床心理士も公認心理師も生涯にわたる研鑽が必要とされます。この項目では，SC が参加することのできる研修会・勉強会について述べます。

研修会

多くの自治体で，都道府県単位，または都道府県内の地区別単位の研修会が行われています。福島県の場合，県の教育委員会主催による年に３回の初任 SC 研修会，各地区の教育事務所主催による年に１回の地区別の研修会が行われており，それらには SC スーパーバイザーが講師として参加を要請されることが多いです。地区別の研修会は，原則的にすべての SC が参加する義務があります。ただ，年に１回の研修会は SC の研鑽に十分ではありません。県などの教育委員会は，年に数回の研修会を開催するべきだと思います。

SC は自治体主催の研修会だけでなく，様々な機会をとらえて研鑽を積む必要があります。公益財団法人日本臨床心理士資格認定協会は，年に１回，臨床心理士資格を有する SC を対象に，学校臨床心理士研修会を開催しています。福島県臨床心理士会では，スクールカウンセリング委員会が年に２回程度，SC 研修会の企画・運営を行っており，そのうち１回は，県臨床心理士会会員以外も対象にした，合同研修会としています。これまでのテーマは，緊急支援，いじめ，SC の活動の基本，私立学校のスクールカウンセリング，

支援者支援（教職員へのメンタルヘルス支援），虐待，自死予防，公認心理師法のもとでのSCの活動，コロナ禍のもとでのSCの活動，ゲーム・ネット依存，SCの倫理，医療との連携などで，研修の方法は，講演，シンポジウム，事例検討，グループディスカッションとシェアリングなどをとっています。テーマによっては県などの教育委員会指導主事，医師，保健師，SSW，医療機関の心理職，弁護士などに講演，話題提供などを依頼しています。

　私の勤務する福島大学人間発達文化学類附属学校臨床支援センターでは「教育臨床研修講座」と題する講座（4クラス）を年に9回開催し，その中で私が担当するAクラスは，「スクールカウンセラー研修講座」と題し，SC，教員，SSWなどが参加してSCの活動の在り方，活用の在り方，他職種との連携などについて主に事例研究を通じて検討しています。その議論を通じて，「スクールカウンセラーガイドブック」を作成し，第3版まで版を重ねました。第1版については，福島大学学術機関リポジトリで誰でもアクセスできます。

【参考文献】
・青木真理「スクールカウンセラーガイドブック作成の試み」『福島大学人間発達文化学類附属学校臨床支援センター紀要』，第2巻 pp.113-119，福島大学人間発達文化学類附属学校臨床支援センター，2020年.

自主的な勉強会

　SCの仲間での自主的な勉強会は皆さんの身近なところにありますか。福島県の場合，県の臨床心理士の県北，県中などの各方部で自主勉強会を開いています。もし身近に勉強会がなければ，知り合いのSCを誘って勉強会を開くことをお勧めします。福島県にはSCスーパーバイザー制度があり，自主的な勉強会へスーパーバイザーの派遣申請を行うこともできます。

14 授業・研修会で使える ツール集

心理教育のツール

　まず，授業やショートホームルームで行う心理教育についてのツールを挙げます。教職員対象の研修会や，子どもたちを対象にした授業で使えます。SCが心理教育を行う場合，学級担任とティームティーチングで行うのがよいと思います。例えば，SCがT1，学級担任はT2，というような形です。心理教育の中身は，対象集団のアセスメントに基づき，以下に挙げる様々な方法を組み合わせるとよいと思います。

　何らかのターゲットグループ，例えば，別室登校の生徒たち，特別支援学級の生徒たち（例えば，通常学級との交流授業に適応しにくいという共通した課題をもっている，など），といったグループで，共通の教育臨床的課題をもっているグループを対象に心理教育を行うことも考えられます。そうしたグループに対するアセスメントに基づき，心理教育のワークショップを複数回もつことができればよいでしょう。この場合も別室登校担当の教員や養護教諭，特別支援学級の担任などと協働します。もう1つは，参加募集型の心理教育です。「対人関係スキルアップ講座」などと銘打って参加したい生徒を募集し，昼休みなどを利用して複数回行います。この場合も生徒指導員会や生徒指導主事，養護教諭などと協働して行うとよいでしょう。

　教職員研修で心理教育の体験型ワークショップを行ったうえで，関心をもった教員と協働して授業を行う，という流れをつくることができるとよいと思います。

構成的グループエンカウンター（SGE）

　國分康孝氏が始めた構成的グループエンカウンター（SGE）は，集団の相互交流の中で人間としての生き方を学習する方法で，エクササイズをグループで行いながら，心と心のふれあいを徐々に深め，自己の成長を目指すものです。道徳や特活などの授業時間（45分〜50分）を使う長めのエクササイズもあれば，朝の会など短い時間で回数多く行えるエクササイズもあります。

　教育現場での実践者が学校種，年齢別の様々なエクササイズ集を出版していますし，都道府県の教育センターも構成的グループエンカウンターの実践報告をウェブサイトに発表していますから，参考にしてください。

ソーシャルスキルトレーニング（SST）

　対人関係の技術を身に付けることを目的とするソーシャルスキルトレーニング（SST）は，クラスで行う場合とターゲットグループで行う場合があります。クラスの場合は，そのクラスのアセスメントに基づいて共通して身に付けることが必要とされるスキルを目標に据えます。後者の場合は，例えば，別室登校の児童生徒のグループを対象にして，教室への適応に必要なスキルを取り上げることができるでしょう。また，SC が対人スキルアップの指導を行うことにして参加者を募集し，昼休みなどにトレーニングを行うということも考えられます（もちろん教員と話し合って了承を得てからです）。

　ソーシャルスキルトレーニング集もいくつか本が出ていますので，参考にしてください。

アサーショントレーニング（AT）

　アサーショントレーニング（AT）の第一人者の平木典子氏によると，ア

サーションとは，「自分の意見・考え・気持ち・相手への希望などを相手に伝えたい時は，なるべく率直に正直に，しかも適切な方法で伝えようとする自己表現」であり，ここで言う「適切な方法」とは，「自分を大切にすると同時に，相手のこともまた大切にしようという相互尊重の精神にもとづいた」方法を指します。こうしたアサーションを身に付けるためのトレーニングが，AT です。

【参考文献】
・平木典子『改訂版 アサーション・トレーニング―さわやかな〈自己表現〉のために』金子書房，2009年.
・福島県教育センター「校内研修に役立つ資料」
 https://center.fcs.ed.jp/ 教育相談 / 子供の心のケアのために

心理教育ワークショップ
例：中学 1 年　道徳の時間を使って「自分について考える」

　私が中学 1 年のクラスで実際に行ったものをもとに紹介します。対人関係のスキルが未熟であるという学年教員のアセスメントに基づき，心理教育ワークショップを行うことになりました。学級担任等と話をしているうちに，他者の考えや立場を考える前に，自分がどういう人間かをよく考えたことがないかもしれない，という結論に至り，自分について考える授業を行うことにしました。

　内容は下記の通りです。

> 1）自己紹介と目的
> 2）ウォーミングアップ
> 　ウォーミングアップやアイスブレーキングのエクササイズもいろいろ実践例が公開されていますので，参考にしてください。班に分かれて行ってもよいです。
> 　リレーストレッチ，他者紹介，サイコロトーキングなどがあります。

3) 自分について考える

　「自分について考える」ワークシート（下の図参照）で自分について
考えます。

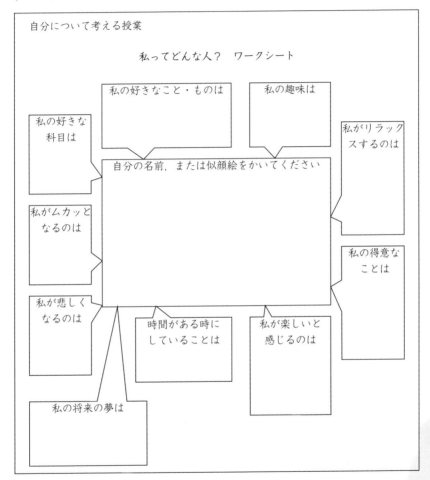

　真ん中に自分の名前，できれば似顔絵をかき，自分がどういう人かを
吹き出しに書きます。吹き出しには，文章完成法（SCT）の刺激語の
ような出だしの言葉を書いておきます。吹き出しの内容と数については，
学級担任と検討します。

数分でワークシートの記入を終えたら，隣の生徒と見せ合って意見を交換します。

　その後，全体へのシェアとして，発表できる生徒に発表してもらいます。

　最後に，今日の授業の成果を学級担任に講評してもらい，SC からも講評します。そして授業の感想シートに記入して授業を終えます。

　この授業のワークシートと感想シートを検討し，学級担任と，集団の特徴と課題，個別的な課題について話し合いました。その次の時間には，他者の気持ち・考えを想像してみる，というワークショップを行いました。

機能的アセスメント

　「授業中等の問題行動に関する協働」（pp.82-85）でとりあげた機能的アセスメントは，「問題行動はある結果を得るための機能を果たしていると考え，その機能を推測」することで，その機能をもとに問題行動を減じる手立てを考えるというものです。

　下記の資料でご確認ください。

【参考文献】
・菊地瑞穂・青木真理「小学校通常学級への支援におけるスクールカウンセラーの役割：機能的アセスメントの導入」『福島大学人間発達文化学類附属学校臨床支援センター紀要』第 2 巻，pp.37-44，福島大学人間発達文化学類附属学校臨床支援センター，2020年.
・菊地瑞穂・青木真理「機能分析マニュアルの提案：小学校通常学級での活用に向けて」『福島大学人間発達文化学類附属学校臨床支援センター紀要』第 4 巻，pp.49-56，福島大学人間発達文化学類附属学校臨床支援センター，2021年.

「人間と人間の心」についての授業

　「不適応予防・発達促進的活動」（pp.114-115）でとりあげた，私が中学 2

年のクラスを対象に行った「人間と人間の心」についての授業は，「心とは何か」を考えさせた後，心の発達年表を示し，乳幼児期から老年期までの自我発達について説明するというものでした。

　以下の書籍の中に掲載されています。

【参考文献】
・青木真理「教育臨床的授業の試み」　岡田康伸・河合俊雄・桑原知子　編『京大心理臨床シリーズ5　心理臨床における個と集団』創元社，2007年.

ブックトーク

　図書館での活動でよく用いられる方法です。グループの参加者は，各自好きな本について簡単に（3分程度で）紹介します。そしてその後，参加者がいくつか質問して，その好きな本について深めます。SCは司会を務めますが，SC自身も好きな本を紹介してもよいでしょう。

　本に限らず，マンガ，アニメ，映画などに広げてもよいです。好きな本などについて語ることは，それの何に関心をもっているかを語ることで，つまりは自分について語ることになり，自己理解を深め自己表現をすることができます。一方，他者のブックトークをきくことは，その人についての理解を深めることになり，自分と共通する部分を知ったり，新しい情報を得たりすることもできます。本，マンガといったモノを間においた対人交流の練習と位置づけることができます。

　比較的小さいグループが適していますので，相談室や保健室によくやってくる児童生徒を対象にしてはいかがでしょうか。学校司書がいれば，協働して行うこともできるでしょう。

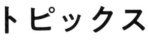

第4章

スクールカウンセラーが
知っておきたい
トピックス

1　新型コロナウイルスの影響

学校生活・子どもへの影響

　2020年3月から3年余にわたって，新型コロナウイルス感染拡大対策として行動制限が行われました。2019年度卒業の子どもたちが卒業式の区切りと新年度の通常のスタートを経験できず，そのため一部の子どもたちは新しい学校への適応困難を経験しました。新入生に限らず，休校中にゲーム等への依存を強め，学校再開時の適応に困難を生じることもありました。

　3年間以上，マスク着用とソーシャルディスタンスを守らざるを得なかったことは，子どもたちの人間関係やものの考え方に影響を与えている可能性があります。互いにふれあって育つ仲間関係が阻害されている可能性がありますし，また顔を隠すことに慣れた子どもたちが，マスクを外して顔をさらけ出すことへの不安を示すことも考えられるでしょう。

　在宅ワークなどが増えて保護者が家にいる時間が多くなることで，家族間のストレスが高まることもあったようです。新型コロナウイルス感染のための減収，解雇など経済状況の厳しさが家族関係に負の影響を与えることもありました。そうした影響が現在も残る家族については，今後も支援を考えていかなければならないでしょう。

　一方で，行動制限の中でも生活の楽しみを見つけていく子どもの逞しさも，多くのSCが感じたことと思います。

　また，新型コロナウイルス感染拡大を経験して，感染者やその疑いのあるメンバーが学校に発生した時にどうするのかを知っておくことの重要性を

SC は知りました。このことは新型コロナウイルスに限らず学校の危機管理体制を共有しておくことの重要性ということでもあります。

子どもたちを見守る

　先の見通しをもちにくい状況の中で SC は子どもたちの様子をよく観察していく必要があります。3 年間の行動制限の生活が及ぼす長期的な影響にも気を配っていく必要があるでしょう。

　特に，入学したとたんに新型コロナウイルスによる休校を経験することになった，2020年度入学生については，SC 研修会等でどの校種においても学校適応に難しさを感じる児童生徒がいるという声をききました。今後も，これらの児童生徒については，注意深く見守っていく必要があると思われます。

SC 自身のサバイヴのために

　SC は休校時には休業，ないしは在宅業務になったと思われますが，ひとり職であるため，情報を得にくく，心理的な孤立感を感じることがあったようです。こうした状況をサバイヴするために，SC 同士の連携・連帯は重要です。各都道府県の臨床心理士会，公認心理師会などの職能団体に所属することは有益です。

　私の所属する福島県臨床心理士会では，スクールカウンセリング委員会がSC のメール会員を対象に新型コロナウイルスの状況に関するアンケートとその結果のフィードバックを行いましたが，それが孤立からの救済につながったという声がきかれました。

【参考文献】
・永浦拡・野村れいか・青木真理・青木紀久代・法眼裕子・川畑直人・冨永良喜・小林哲郎「コロナ禍での心理的な困難－新型コロナは“こころ”にどんな影響を与えたか」『心理臨床学研究』39巻，6号，pp.578-593，日本心理臨床学会，2022年.

② ネット・ゲーム依存防止の 重要性

ネット・ゲーム依存と被害

　今の子どもたちは生まれた時からスマートフォン，ゲーム機，タブレット端末などがあり，多くの子どもたちが早い時期からそうした ICT 機器に親しんでいます。

　日進月歩の ICT 機器の進化にも対応する子どもたちは大人よりもはるかに器用にそれらを使いこなしているように見えます。一方で，ネット依存とネット被害という問題が起きています。ネット依存は過度なインターネットの使用（コンテンツ視聴やゲーム，SNS 等）により，生活習慣が乱れ，日常生活に大きな支障をきたす状態です。ネット被害には，迷惑メッセージ・メール，ネット詐欺，不正請求，SNS での写真や動画の流出被害などがあります。SNS 内での人間関係に悩む児童生徒も少なくありません。

情報モラル教育と SC の仕事

　ICT 機器はもはや遠ざけるものではなく，それをどう使うかが重要と言えます。『学習指導要領解説』の「総則編」及び「特別の教科　道徳編」において，「情報社会で適正な活動を行うための基になる考え方と態度」のことを「情報モラル」と呼び，具体的には，「他者への影響を考え，人権，知的財産権など自他の権利を尊重し情報社会での行動に責任をもつこと」「危険の回避など情報を正しく安全に利用できること」「コンピュータなどの情報

機器の使用による健康との関わりを理解すること」などとしています。

　学校が各段階において「情報モラル教育」を行っていくことは今後ますます重要になるでしょう。ICT や SNS の発展の状況に応じてその都度，教育の内容を更新していく必要もあります。

　一方で，家庭・保護者の理解と対応も重要です。保護者自身も含めて，その家庭が情報モラルを重視しているか，ということは子どもに大きな影響を与えます。学校は子どもを対象にするだけでなく保護者にも情報モラルの重要性を伝えていく必要があります。その中で，SC は，個別的な対応を求められます。ネット依存と不登校の2つの状況に陥っている児童生徒への対応は，SC の対応するケースの中で増えてきています。もともとネット・ゲーム依存傾向が強い子どもが休みがちになるとその依存傾向は一気に強まり，不登校傾向を強めます。

　私がこうしたケースに対応する時，保護者に，その家庭の情報モラルに関するルールを子どもとともに策定することを勧めます。両親の間でルールを話し合い，子どもに提示して子どもの意見をきき，折り合うところを定める，という方法をとることが多いです。両親の間で話し合う時には親自身の ICT 機器の使用についても見直してもらいます。仕事から帰った父親が夕飯を食べながらスマホをいじっている，というような例もよく聞きます。既にネット・ゲーム漬けになっている子どもにその使用時間を減らす提案を受け入れさせることは大変難しいですが，親として粘り強く対応することを励まします。両親ともにいる家庭ならば両者の連携の必要性を説きます。

　主に中学校での事例に対応している中で，子どもが小さい段階での適切なネットの使用についての教育の必要性を感じています。中学校の学区内の学校の生徒指導協議会への参加の折など，小学校の生徒指導担当者に早期の情報モラル教育の重要性を伝えるようにしています。

❸ 自殺予防

児童生徒の自殺の状況と自殺予防教育

　自殺者の数は2020年度，11年ぶりに増加し，21,081人，前年比4.5％増となりました。その中で未成年者は777人で前年比17.9％増と，急激に増えています。この急激な増加には，2020年度からのコロナ禍が関連しているかもしれません。中学生・高校生の自殺者数は，2017年以降増加しています。

　こうした状況を重く見て，文部科学省は「児童生徒の自殺予防に係る取組」を積極的に行うよう指示しています。学校における早期発見に向けた取組においては，「長期休業の開始前からアンケート調査，教育相談等を実施し，悩みや困難を抱える児童生徒の早期発見に努めること。また，学級担任や養護教諭等を中心としたきめ細やかな健康観察や健康相談の実施等により，児童生徒の状況を的確に把握し，スクールカウンセラー等による支援を行うなど，心の健康問題に適切に対応すること」が指示されています。また，一次予防として，「各人がかけがえのない個人として共に尊重し合いながら生きていくことについての意識の涵養等に資する教育」「困難な事態，強い心理的負担を受けた場合等における対処の仕方を身に付ける等のための教育」（「SOSの出し方に関する教育」）を含めた自殺予防教育，「心の健康の保持に係る教育」を実施するように勧めてもいます。

　自殺予防教育については，「寝た子を起こすことになる」「自殺，自死」等の言葉がかえって子どもたちの希死念慮を刺激することになる，という反対意見が以前より教育現場にはあり，今もそのような傾向はありますが，文部

科学省の指示は，安穏とはしていられないという危機感を背景にしています。

　文部科学省が進める自殺予防教育は，「早期の問題認識」と「援助希求的態度の育成」に焦点を当て，①心の危機（自殺）のサインを理解する，②心の危機に陥った自分自身や友人への関わり方を学ぶ，③地域の援助機関を知ることを目的としています。自殺予防教育を行うにあたって配慮すべきこととして，教職員間，保護者，地域，関係機関で自殺予防教育の共通理解を得ること，ハイリスクな児童生徒を無理に授業に参加させないなど配慮すること，児童生徒が「心の危機」を訴えた時に，学級担任，養護教諭，SC，SSW，管理職，関係機関などが，役割分担をしながら受け止める体制を整えておくことを指摘しています。

　上記の「自殺予防教育」は，「自殺」そのものを取り上げるものですが，「自殺」というキーワードを使わない自殺予防教育として，「SOSの出し方に関する教育」が推進されています。これは，2006年の自殺対策基本法及び2022年に見直された自殺総合対策大綱（第一次は1997年）で，努力義務とされています。この教育は，児童生徒が自分を大切にすること，ストレスへの対処，困った時にSOSを発信する方法を知る，まわりに困っている人がいた時のSOSの受け止め方を学ぶ，などを柱としています。

　授業として行う予防教育も，また，早期発見されたハイリスク児童生徒への対応についても，SCの役割が期待されています。授業の実施にあまり慣れていないSCは，学級担任と相談・連携しながら，授業を行い，実践しながら技量を磨くことが期待されます。

　早期発見されたハイリスク児童生徒については，保護者と慎重な連携をします。慎重，というのは，思春期の児童生徒はその希死念慮を保護者が知ることについてアンビバレントであることが多いためです。できるなら児童生徒に丁寧に説明し保護者に希死念慮を知らせる必要，保護者の見守りを要請する必要を理解・同意させたいところですが，同意を得られずとも教員組織で検討のうえ保護者と情報共有し，保護者が望ましい態度をとることができるよう指示・支援します。

④ 性的多様性

LGBTQ とは

　様々な性的自認と性的指向をもつ人たちを，LGBTQ と呼びます。LGBT の「L」はレズビアン（Lesbian）で身体的性と性自認が女性で性的指向が女性，「G」はゲイ（Gay）で身体的性と性自認が男性で性的指向が男性，「B」はバイセクシュアル（Bisexual）で性的指向が2つ以上の性（男性と女性両方など），「T」はトランスジェンダー（Transgender）で身体的性と性自認が異なる人，「Q」はクィア（Queer）またはクエスチョニング（Questioning）で，クィアは異性愛者及び LGBT の4つ以外の様々な性的指向・性自認の総称，クエスチョニングは自分自身の性的指向や性自認がはっきりしていない人，または意図的に決めていない人を意味します。しかし，人の性の在り方は，これらのカテゴリーにおさまらずもっと多様であるという主張もあります。文部科学省は「性的マイノリティ」という用語を使っていますが，そのような主張からすれば，マジョリティとマイノリティという分け方にも疑義をもつということになるでしょう。

生徒指導提要での性的マイノリティへの対応

　文部科学省は『生徒指導提要』（2022年12月改訂）において「『性的マイノリティ』に関する理解と学校における対応」を記載しています。その中では性的マイノリティの児童生徒について教職員が正しく理解し，性的マイノリ

ティの児童生徒の人権を守るよう対応することが指示されています。「性的マイノリティ」とされる児童生徒には，自身のそうした状態を秘匿しておきたい場合があることに配慮すること，当該児童生徒が有する違和感の強弱などに合わせた支援を行うこと，こうした違和感は，成長に従い減ずることも含めて変動があり得るものとされているため，学校として，先入観をもたず，その時々の児童生徒の状況などに応じた支援を行うこと，他の児童生徒や保護者との情報の共有は，当事者である児童生徒や保護者の意向などを踏まえることにも言及しています。

SCに求められる性的マイノリティの児童生徒への対応

　SCが「性的マイノリティ」の児童生徒の対応をするケースは，児童生徒が相談場面で「自分は性的マイノリティだと思う」「性的マイノリティかもしれない」ということを話して始まることが多いと思われます。当該児童生徒のそうした自己認識に至る歴史，感情をききとりながら，保護者に伝えているのか，保護者はその認識をどう考えているのかもききとります。面接を重ねる中で，当該児童生徒の同意を得ながら教職員との情報共有を進め，当該児童生徒が適応的に学校生活を送るための様々な配慮と工夫の実現を図ります。『生徒指導提要』が指摘するように，当該児童生徒の「違和感」がどのようなものかに注意を払いながら相談・面接ならびに組織的対応を進めます。また，違和感の変動もあり得ることから，拙速な判断を行うことなく，相手の感情と状況を中心において支援しなければなりません。

　性的多様性に限らず，文化的な多様性をも尊重する必要性がますます議論されることになるでしょう。そうした議論が，学校での「常識」を問いなおす機会となると思っています。例えば，本当に制服は必要だろうか，女子はスカート，男子はズボンが当たり前だろうか，といったことです。SCとしては，個性の多様性と学校という社会への適応という，ややもすれば二律背反する命題をじっくり考えながら，仕事をしていきたいと思います。

5 東日本大震災の影響と復興

　私が住み，仕事をしている福島県は，2011年3月11日の東日本大震災で甚大な被害を受けました。福島県は大きく，浜通り，中通り，会津と，3つの南北に走るエリアに分けられますが，浜通りは，津波被害と原子力発電所の事故による放射線被害を受け，中通りは放射線被害を受けました。会津は，3つの地区の中では比較的被害が小さいのですが，原発避難を余儀なくされた浜通り双葉地区の自治体の避難先となりました。

　10年以上が経過し，復興に関して，鋏状格差の現実があります。浜通り相双地区の中でとくに双葉地区の復興の難しさがあります。県庁所在地の福島市がある中通りは，現在，ほぼ，震災前と同様の生活を取り戻しているといってよいです。もっとも，中通りにおいても，放射線汚染の問題があったため，自主避難という名前のもとに，多くは母子で近隣の県に避難し，慣れない土地での生活を送り，やがて1年ないしは数年後に中通りに戻った家庭も多く，避難先の適応と故郷への再適応の難しさを経験しています。避難中に離婚する家庭もありました。

旧居住制限区域の子どもたち

　2023年3月に行われた公益財団法人日本臨床心理士資格認定協会こころの健康会議のシンポジウムでの「災禍そして生涯発達支援の観点から乳幼児から大人まで人の育ちを切れ目なく支える教育環境を考える」と題した話題提供をもとに，福島県における東日本大震災の影響と復興について述べます。なおこのシンポジウムの話題提供は，双葉地区のSCをインフォーマントと

して行った調査に基づいています。

　原発事故のために双葉地区を中心として，多くの自治体が避難指示を受け，帰還困難区域となりました。その後，除染などによる放射線汚染レベルの低下に伴い徐々に避難指示は解除されていきましたが，双葉地区には依然として帰還困難区域が残ります（右図）。

　避難指示が解除された旧居住制限区域の子どもたちの通う学校については，以下の通りです。

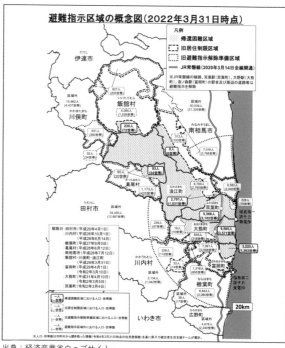

出典：経済産業省ウェブサイト

（https://www.meti.go.jp/earthquake/nuclear/kinkyu/hinanshiji/2022/220331hinannshijigainennzu.pdf）

①家族で避難した先の学校に通う
②自治体が避難した場所に開設した学校に通う
③最初は①だったが②ができたので②に通う
④避難指示が解除され，②の学校が帰還地区で再開されるようになり，そこに通う
⑤帰還地区の学校は再開されたが，そこに戻らず，避難して暮らしている地域の学校に通う

　調査に協力してくれた旧居住制限区域で約10年活動してきたSCによれば，地域の復興の在り方，学校・子ども・家庭の状況は，地域によって様々です。

それらの地区でSCとして仕事をしてきて，よかったことを尋ねたところ，「原発事故でバラバラになった共同体・家族が帰還し，もともとあった地域性も復活してきたこと」「自治体の避難指示の直後，学校は避難先自治体の廃校で再開したがその時は様々な困難があった。避難指示解除により帰還が可能になり，その後徐々に落ち着いてきた」「子ども，家庭，先生方が変わっていく過程を併走することができたことは，よかったこと」という回答でした。旧居住制限区域は，避難指示解除後，帰宅した所帯は多くはなく，高齢者が多いため，学校は小規模です。学校に通う児童生徒の家庭は様々な課題を抱えていることが多いが，SCと教員の連携，学校と行政，児童相談所との連携をしながらチームとして対応しているとのことでした。

　相双地区の旧居住制限区域は様々なものを失った地域ですが，新しい考えのもと，新しいコミュニティ作りがなされてきました。もとの地場産業の復興の努力がされてきました。また，住民の数が少ないがゆえに，その住民を手厚く見守る仕組みが作られています。例えば，ある地区では小学校・中学校・役場の緊密な連携が図られ，ゼロ歳児保育の子ども園が開設されました。こうした手厚い住民サービスに魅力を感じて，新しくこの地域で暮らすことを考える転居者も出てきています。

震災とSC

　私自身，住民として震災を経験しました。2011年3月半ばには，県の教育委員会から県の臨床心理士会に依頼があり，委嘱されて福島市の避難所での心のケアを行いました。避難所は，高等学校体育館，保養所，大規模体育館などでした。震災を挟んで現在まで大学に勤務し，大学附属中学校のSCを務める一方，2012年より6年間，相双地区の小学校でSCとして働きました。2013年から6年間，中通りの小学校で働きましたが，その小学校には，避難指示区域の子どもたちが相当数いて，仮設住宅や借り上げ住宅からバスで通学していました。2019年から現在まで中通りの中学校でSCとして活動して

います。その中で，感じたことをまとめます。

　まず，震災という衝撃の受け止め方は，家庭，個人によって大きな違いがあるということです。原発事故による放射線被害についての考えも家庭によって違いますし，中通りにおいては「自主避難すべきかどうか」で悩む保護者たちがいました。避難する家庭は，様々な制限のある慣れない土地での生活に入っていくことになりますし，避難せずその場に残ることを選択した家庭も，「これで本当に子どもたちを守ることになるのか」という悩みを抱えていました。SC などの支援者の役割は，判断の是非を評価することではなく，それぞれの家庭の悩みや苦しみに寄り添い，今後の生活をどう切り開き，子どもたちを見守ることができるかを保護者とともに考えることと考えます。

　子どもたちは，ある程度家庭（保護者）から安心・安全が保障されれば，多くの場合は，回復していくので，その意味でも SC は教員と協力して保護者のサポートに尽力する必要があると考えます。

　また，復興と回復には時間がかかるので，その長期的な取り組みを支援者同士で支え合う仕組みが必要です。学校では，震災後 1 年経った2012年あたりから，教員の疲弊が注目され，SC も支援者支援としての教員支援に注力するようになりました。SC 自身は，SC の仲間とのやりとり，SC 研修会の機会を通じて，相互に支え合いました。その経験は，コロナ禍で孤立したSC たちが相互の支え合いを求めたことにつながっています。

　災害・事故・事件等，人の心に衝撃を与える事象の後の支援に関して共通して言えるのは，環境の整えがあれば，人の心身の健康，集団の健康は，ある程度は自然に自律的に回復・治癒していくことを信じることができるということです。震災直後には心のケアに優先するのは身の安全，環境の安心・安全でした。事象後のプロセスの中で順調な回復を示さない，特に支援を要する個人（子どもと大人）と集団をきめ細かな見守りによって見出し，適切な支援を行っていくことが必要になります。その場合でも個人と集団がもっている自立と自治に向かう力を尊重し，それが最大限に発揮されるよう，支援するということを支援者は肝に銘じなければいけないとも思います。

⑥ キャリア教育

　進路指導は,「さらにその後の生活によりよく適応し,進歩する能力を伸長する」(文部省『進路指導の手引—中学校学級担任編 (改訂版)』1983年)とするものです。その「進路指導」にかわって近年提唱された「キャリア教育」は「若者の社会的・職業的自立」「学校から社会・職業への移行」をめぐる課題の解決のために「人々が人生において,各々の希望やライフステージに応じて様々な学びの場を選択」し,「職業生活の中で力を存分に発揮できるようにすることが重要」であり,「学業生活と職業生活を交互にまたは同時に営むことができる生涯学習社会を,真に構築しなければならない」としています(文部科学省・中央教育審議会「今後の学校におけるキャリア教育・職業教育の在り方について」2011年)。つまり,キャリア教育は進路指導の理念を引き継ぎつつ,幼児期の教育から高等教育まで体系的に進めること,教科学習及び生活指導と将来とのつながりの見通しをもたせること,学校は生涯にわたり社会人・職業人としてのキャリア形成を支援していく機能の充実を図ることを基本的方針としています。キャリア教育はすべての学校段階のすべての子どもたちを対象としているのです。

　SC の仕事は不適応の児童生徒の適応改善支援が中心ですが,不適応に陥った児童生徒の支援においても彼らの今後のキャリア,どのような社会人・職業人を目指すのかを念頭に置きながら支援することが肝要です。自分の得意なこと,強みは何かを考えさせながら,どのように社会に参加したいかをきき,そのために今できることをともに考えるということです。また,一般の児童生徒を対象とする発達促進的活動(例えば,心理教育的授業)においてキャリア教育の視点を取り入れることもできるでしょう。

7 切れ目ない支援

～子ども中心の教育と支援～

　「切れ目ない支援」という用語が，障害児・者支援，子育て支援，及び教育の分野において，重要なキーワードとして繰り返し使われるようになっています。これは時間的な段差をなくすタテの連携と，同一時期・段階における関係機関の継ぎ目をなくすヨコの連携を指します。それらを実現するためには，発達段階のギャップをつなぎ，行政のタテ割という壁を越える仕組みを創出する必要があります。切れ目のない支援を行うには，支援の対象者をまんなかに置くことが必須です。2023年4月に「こども基本法」が施行され，同時に，この法律に関連して，こども家庭庁が発足しました。「こども」を「まんなか」に置き，これまで厚生労働省や内閣府にまたがっていた子ども関連部局を統合し，政策を一元的に進めようとするものでタテ割行政を一部打破しようとする試みとして評価できます。学校・教育分野は文部科学省が引き続き担当するので，こども「まんなか」の行政がさらなる進展をすることを注視したいと考えます。

　なお，切れ目ない支援は，何らかの困難を有する個人，家族等を念頭に置く場合が多いですが，すべての子どもに必要な支援，すなわちキャリア形成支援も切れ目なく行われるべきだと私は考えます。キャリア形成とは，子どもが自分の能力と興味関心を見極めながら将来どのような形で社会を支えるかを決定し，試行していくプロセスです。そのプロセス上，障害や困難を抱える子どもや家族の場合は特別な支援に結び付けることが必要になります。

【参考文献】
・青木真理「切れ目ないキャリア形成支援についての一考察」『福島大学人間発達文化学類附属学校臨床支援センター紀要』第8巻，pp.11-19，福島大学人間発達文化学類附属学校臨床支援センター，2023年.

第4章　スクールカウンセラーが知っておきたいトピックス

おわりに

　現在スクールカウンセラーとして勤務している人たち，これから目指す人たち，どちらにとっても役立つ入門書となることを念頭に置きながら書いてきました。

　これからもスクールカウンセラーとして勤務しながらスクールカウンセラーがどうあるべきか，その働き方はどうか，ということを継続して考え，発表していきたいと思っています。

　また，いまだほとんど実現していない常勤スクールカウンセラーが日本各地に生まれることを願いつつ，そうなったら非常勤とは異なるはずの常勤ならではの働き方について考えたいと思っています。

　教員などの他職種と連携しながら，子どもたちがその資質を生かして社会に参加することができるよう支えていくこと，それがスクールカウンセラーの大事な役割だと思います。そのために，誠実に謙虚に，パッションをもち続けながら，互いに話し合いながら，歩んでまいりましょう。

　最後になりましたが，丁寧に原稿を読んでくださり，読者にとって何が必要かという観点で示唆をくださった明治図書編集者の江﨑夏生さんに心より感謝申し上げます。

2023年12月

青木　真理

【著者紹介】

青木　真理（あおき　まり）

　1961年，三重県生まれ。小学生時代にリンドグレーンとプリョイセンに出会い，将来は児童文学作家になりたいと思っていた。

　大阪外国語大学デンマーク語科に入学。卒論を計画する中で，おとぎ話の臨床心理学的解釈という方法を知り，卒業後，京都大学教育学部教育心理学科に3年次編入学。

　臨床心理学が対人援助の学問と知らずに入ったが，その後大学院に進学し，臨床心理学の研鑽を積み，臨床心理士資格取得。

　1994年から鳴門教育大学生徒指導講座助手を務め，1997年より福島大学に勤務。現在は，人間発達文化学類附属学校臨床支援センター教授。公認心理師資格取得。

　スクールカウンセラーの方法を実践的に研究するとともに，沖縄の祭りの臨床心理学的研究，児童文学の臨床心理学的研究，北欧の若者支援の調査研究を続けている。

スクールカウンセラーのための仕事術
はじめて学校で働くための手引き

2024年2月初版第1刷刊　©著　者	青	木	真	理
発行者	藤	原	光	政

発行所　明治図書出版株式会社

http://www.meijitosho.co.jp

（企画・校正）江﨑夏生

〒114-0023　東京都北区滝野川7-46-1
振替00160-5-151318　電話03(5907)6701
ご注文窓口　電話03(5907)6668

＊検印省略　　　　　組版所　株式会社プリント大阪

Printed in Japan　　　　　ISBN978-4-18-318727-7

もれなくクーポンがもらえる！読者アンケートはこちらから  →